Seguridad GNU/Linux

Curso práctico

Seguridad GNU/Linux

Curso práctico

Alejandro Belmar

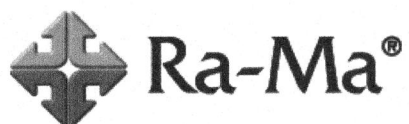

La ley prohíbe
fotocopiar este libro

Seguridad GNU/Linux. Curso práctico
Thema: UTN Seguridad de redes
Bisac: COM046070
© Claudio A. Peña Millahual
© De la edición: Ra-Ma 2025

Edición original publicada por Six Ediciones. Ciudad Autónoma de Buenos Aires, Argentina.
Seguridad GNU/Linux Vol.1, Vol.2
Colección: USERS ebooks
Derechos Reservados © Six Ediciones. Ciudad Autónoma de Buenos Aires, Argentina.

Editado por:
RA-MA Editorial
Calle Jarama, 3A, Polígono Industrial Igarsa
28860 PARACUELLOS DE JARAMA, Madrid
Teléfono: 91 658 42 80
Fax: 91 662 81 39
Correo electrónico: *info@grupoeditorialrama.com*
Internet: *www.ra-ma.es* y *www.ra-ma.com*
ISBN impreso: 979-13-8764-210-5
Depósito legal: M-28304-2024
Maquetación: Antonio García Tomé
Diseño de portada: Antonio García Tomé
Filmación e impresión: Safekat
Impreso en España en enero de 2025

ÍNDICE

PRÓLOGO

En el mundo interconectado de hoy, la seguridad de las redes LAN y WiFi se ha vuelto más crucial que nunca. La creciente dependencia de la tecnología en nuestra vida cotidiana y la expansión de las redes empresariales exigen una comprensión profunda de cómo salvaguardar la integridad y la privacidad de la información en entornos Linux.

Esta obra está diseñada para proporcionar a los lectores un conocimiento sólido y práctico acerca de la manera de proteger sus redes y datos contra amenazas y ataques. A lo largo de estas páginas, podrán explorar los conceptos clave de la seguridad de redes, desde las bases de los firewalls y su implementación en Linux, hasta las técnicas avanzadas de monitoreo y registro de eventos.

Partiendo desde una base firme, esta guía los llevará a través de los entresijos de los firewalls y herramientas como iptables, explorando su configuración y funcionalidades para asegurar una red contra intrusiones no deseadas. Además, descubrirán cómo monitorizar y registrar eventos en una red para identificar y mitigar amenazas potenciales.

Este libro es una invitación a un viaje a través de los conceptos, técnicas y mejores prácticas de seguridad en redes LAN y WiFi en entornos Linux. Abarca desde los fundamentos hasta los aspectos más avanzados, brindando el conocimiento y la confianza para fortalecer una red y proteger la valiosa información que contiene.

SOBRE ESTA OBRA

Bienvenidos a esta obra dedicada a la seguridad en entornos Linux. Aquí exploraremos a fondo las mejores prácticas y las herramientas esenciales para garantizar la integridad y privacidad de redes LAN y WiFi. Desde firewalls y monitoreo, hasta análisis de eventos, los lectores adquirirán conocimientos prácticos y estrategias probadas para proteger su infraestructura en un mundo digital cada vez más complejo.

- ▶ **Parte 1:** En la primera parte obtendrás información relacionada con las redes en sistemas Linux, firewall y seguridad en capas, además de las opciones de monitoreo y registro de eventos.

- ▶ **Parte 2:** En la segunda parte de esta obra conocerás las herramientas de consola que te permitirán acercarte a los puertos y sus vulnerabilidades, al pentesting en redes locales y también a las auditorías wireless.

Parte 1

Introducción
Firewall y seguridad en capas
Monitoreo y registro de eventos

INTRODUCCIÓN

Linux es un sistema operativo de código abierto ampliamente utilizado en el mundo de la informática y la tecnología. Su diseño modular, su eficiencia y flexibilidad lo han convertido en una opción popular tanto para usuarios domésticos como para entornos empresariales. Una de las áreas en las que Linux ha demostrado ser especialmente eficiente es en el ámbito de las redes locales o LAN (Local Area Network).

1.1 LINUX Y LAS REDES LAN

Las redes LAN son fundamentales para conectar y compartir recursos entre dispositivos dentro de un área geográfica limitada, como una oficina, un edificio o una casa. Estas redes permiten el acceso a Internet, el uso de impresoras compartidas, el almacenamiento en red y la comunicación fluida entre dispositivos conectados.

En esta introducción, exploraremos la relación entre Linux y las redes LAN, enfocándonos en cómo Linux se ha convertido en la opción preferida para configurar y administrar redes locales eficientes y seguras.

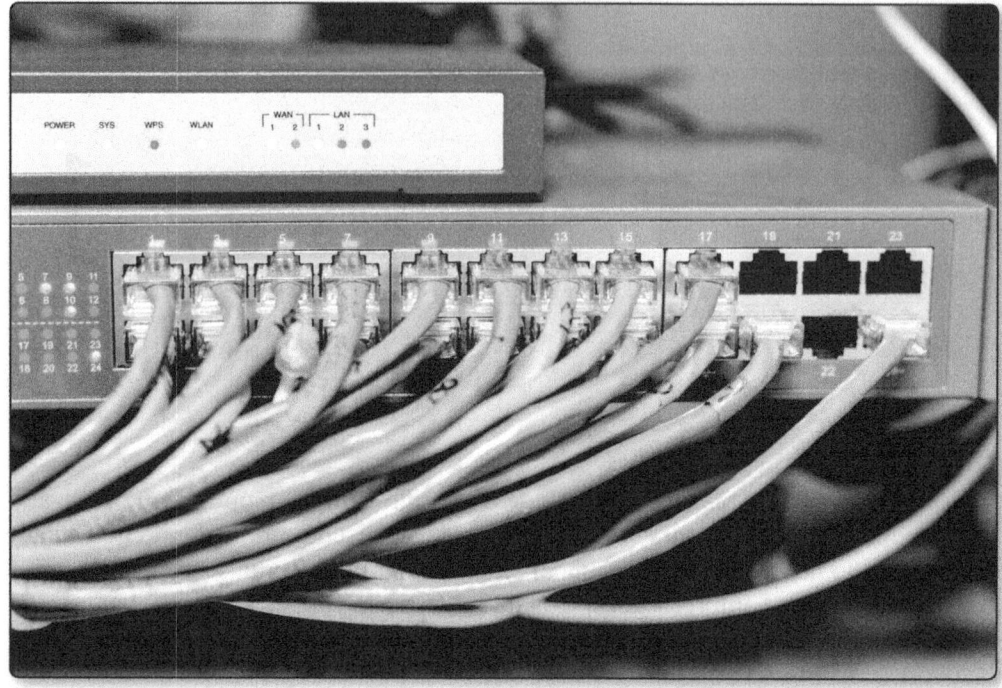

Figura 1.1. Linux ofrece una serie de ventajas para el despliegue de redes LAN. Su naturaleza de código abierto significa que se puede personalizar y adaptar a las necesidades específicas de una red. Además, su amplia comunidad de desarrolladores y usuarios brinda un constante flujo de actualizaciones, parches de seguridad y mejoras.

La flexibilidad de Linux se traduce en una amplia variedad de distribuciones diseñadas para adaptarse a diferentes entornos de red. Desde distribuciones ligeras y minimalistas para dispositivos con pocos recursos, hasta distribuciones robustas y seguras para servidores de red de alto rendimiento, Linux ofrece alternativas para cada escenario.

En términos de seguridad, Linux ha ganado una sólida reputación. Su arquitectura basada en permisos y su sistema de archivos jerárquico brindan un mayor nivel de protección contra amenazas y ataques externos. Además, su comunidad activa de seguridad está siempre alerta para abordar y mitigar vulnerabilidades.

En el contexto de las redes LAN, Linux proporciona herramientas y servicios que facilitan la gestión y administración de dispositivos conectados. Servidores DHCP para asignar direcciones IP automáticamente, servidores DNS para resolver nombres de dominio, enrutamiento de paquetes y cortafuegos para proteger la red, son solo algunos ejemplos del modo en que Linux puede potenciar una red LAN.

1.1.1 Fundamentos de Linux y su importancia en redes LAN

Linux, como sistema operativo de código abierto, ha sido una revolución en el mundo de la informática y la tecnología. Su diseño modular, eficiencia y flexibilidad lo han convertido en la opción preferida para una amplia gama de usuarios, desde entusiastas de la tecnología hasta profesionales de la informática y empresas. Pero ¿qué vuelve a Linux tan relevante en el contexto de las redes LAN?

La importancia de Linux en las redes LAN radica en su capacidad para brindar una plataforma robusta, segura y altamente personalizable para el diseño y funcionamiento de la red.

Su flexibilidad y adaptabilidad, combinadas con su enfoque en la seguridad, lo convierten en una opción confiable para implementar y gestionar redes LAN de cualquier tamaño y complejidad.

Figura 1.2. En primer lugar, la naturaleza de código abierto de Linux permite a los usuarios acceder al código fuente y modificarlo según sus necesidades. Esto significa que se puede personalizar y adaptar a diferentes entornos de red, para así proporcionar una solución más específica y eficiente. Además, la comunidad de desarrolladores y usuarios de Linux es muy activa y ofrece constantemente actualizaciones, parches de seguridad y mejoras, lo que garantiza un sistema en constante evolución y progreso.

1.1.2 Características y ventajas de las redes LAN

Las redes de área local (LAN) son una infraestructura de interconexión de dispositivos informáticos ubicados en una misma área geográfica limitada, como una oficina, un edificio o un campus universitario. Estas redes han revolucionado la manera en que las organizaciones y los usuarios acceden a la información y la comparten, al permitir una comunicación rápida y eficiente.

Una de las principales características de las redes LAN es su tamaño limitado y un alcance geográfico restringido. Esto permite una alta velocidad de transmisión de datos y un rendimiento óptimo, ya que los dispositivos tienen una proximidad física. La baja latencia y el alto ancho de banda de las redes LAN son fundamentales para el intercambio instantáneo de información y la realización de tareas en tiempo real.

La facilidad de instalación y configuración es otra ventaja clave de este tipo de redes. Gracias a su tamaño reducido y diseño simple, se pueden implementar rápidamente con costos bastante bajos. Los dispositivos conectados a la red pueden ser añadidos o removidos sin afectar significativamente su funcionamiento, lo que facilita la expansión y adaptación de la red a las necesidades cambiantes de una organización.

Figura 1.3. La alta seguridad es otro aspecto destacado de las redes LAN. Al estar limitadas a un área geográfica específica, estas redes pueden ser protegidas con mayor facilidad mediante cortafuegos, sistemas de detección de intrusiones, y políticas de acceso y autenticación. Esto ayuda a prevenir accesos no autorizados, y a proteger los datos y recursos compartidos en la red.

La capacidad de compartir recursos es una ventaja clave de las redes LAN. Los dispositivos conectados pueden compartir impresoras y archivos, lo que mejora la eficiencia y productividad de los usuarios. Además, estas redes permiten el acceso a Internet compartido, lo que facilita la comunicación y colaboración en línea.

La centralización y la administración simplificadas son otras ventajas de las redes LAN. Al estar ubicadas en una misma área geográfica, la administración y el mantenimiento de la red se puede realizar de modo centralizado, y esto facilita el monitoreo y la solución de problemas. Así se reducen los costos y el tiempo dedicado a la gestión de la red.

Las LAN ofrecen una serie de características y ventajas que las hacen ideales para entornos locales. Su alta velocidad, facilidad de instalación, seguridad, capacidad de compartir recursos y administración centralizada las convierten en una solución eficiente y confiable para la comunicación y colaboración dentro de una organización. En la siguiente sección, exploraremos en detalle los componentes y tecnologías que hacen posible el funcionamiento y aprovechamiento de estas redes locales.

1.1.3 Introducción a la seguridad en redes

La seguridad en redes es un campo en constante evolución debido al rápido avance de la tecnología y a la aparición de nuevas amenazas y vulnerabilidades. A medida que las redes se vuelven más complejas y sofisticadas, también lo hacen los métodos y técnicas utilizados por los ciberdelincuentes para llevar a cabo ataques.

Una de las principales amenazas en seguridad de redes son los ataques de malware, que incluyen **virus**, **gusanos**, **troyanos** y **ransomware**. Estos programas maliciosos pueden infiltrarse en la red y propagarse de manera rápida y sigilosa, causando daños importantes en los sistemas y la información almacenada. Para protegerse contra el malware, es esencial contar con software de seguridad, como antivirus y antimalware, que detecte y bloquee estos programas antes de que causen daño.

Otra preocupación en seguridad de redes es el robo de información. Los ciberdelincuentes pueden intentar acceder a datos confidenciales, como contraseñas, números de tarjetas de crédito o información personal, con el fin de cometer fraudes o robo de identidad. Para proteger la información sensible, es importante implementar técnicas de cifrado y autenticación de dos factores, que aseguren que solo los usuarios autorizados puedan acceder a la información.

Además de los ataques externos, las redes también pueden ser vulnerables a amenazas internas. Los empleados o usuarios malintencionados pueden representar un riesgo para la seguridad de la red, ya sea por negligencia o por intencionalidad.

Es importante implementar políticas y controles de seguridad que reduzcan estos riesgos y protejan la red de amenazas internas.

Un aspecto fundamental en seguridad de redes es la detección y respuesta temprana a los ataques. Para esto se utilizan sistemas de monitoreo y detección de intrusiones que analizan el tráfico de red en busca de patrones o comportamientos sospechosos. De esta manera, es posible identificar y bloquear los ataques antes de que causen daño.

Otra estrategia importante en seguridad de redes es la segmentación. Esto implica dividir la red en segmentos más pequeños y controlados, de modo que si un segmento se ve comprometido, el resto de la red no quede afectado. La segmentación reduce el impacto de los ataques y limita la propagación de malware.

La seguridad en redes es un aspecto crítico para garantizar la integridad, confidencialidad y disponibilidad de los datos y servicios. La protección contra ataques externos, el robo de información y las amenazas internas requieren de enfoques y soluciones multifacéticas que combinen tecnologías de seguridad, políticas y controles adecuados, así como de una correcta capacitación y concienciación de los usuarios. La seguridad en redes es un proceso continuo que necesita de una vigilancia constante y la adopción de las mejores prácticas para mantener la red protegida en un entorno cada vez más conectado y digitalizado.

Figura 1.4. En el ámbito de la seguridad en redes LAN, es fundamental contar con dispositivos seguros, como routers y switches que tengan capacidades de firewall y control de acceso. También es clave mantener el software y el firmware de los dispositivos actualizados para corregir posibles vulnerabilidades.

1.2 CONFIGURACIÓN BÁSICA DE REDES LAN CON LINUX

Para realizar una configuración básica de redes LAN con Linux, se necesitan los siguientes elementos y conocimientos:

▸ **Hardware**: se requiere una computadora o servidor con una tarjeta de red Ethernet para conectarse a la red local.

▸ **Sistema operativo Linux**: debe estar instalado y configurado en la computadora o servidor. Linux es una excelente opción para redes LAN debido a su estabilidad, seguridad y flexibilidad.

▸ **Conocimientos sobre comandos básicos de Linux**: es importante tener familiaridad con la línea de comandos de Linux para configurar y administrar la red. Algunos comandos útiles incluyen **ifconfig** para configurar las interfaces de red, **route** para configurar las tablas de enrutamiento y **ping** para verificar la conectividad.

▸ **Dirección IP y máscara de red**: cada dispositivo en la red LAN debe tener una dirección IP única y una máscara de red que determine la cantidad de bits que identifican la red y los bits que identifican el host.

▸ **Gateway y DNS**: para que los dispositivos en la red LAN puedan comunicarse con otros fuera de la red, se debe configurar una puerta de enlace (gateway) que sirva como punto de salida para el tráfico. También es importante configurar servidores DNS para resolver nombres de dominio en direcciones IP.

▸ **Seguridad**: para mantener la red LAN segura, se pueden configurar firewalls y reglas de acceso que controlen el tráfico entrante y saliente.

▸ **Conexiones físicas**: es importante asegurarse de que los cables Ethernet estén correctamente conectados a las tarjetas de red de los dispositivos y que los switches o hubs estén bien conectados para crear la topología de red adecuada.

▸ **Configuración del archivo de red**: en Linux, la configuración de red se puede realizar mediante el archivo de configuración de red. Dependiendo de la distribución de Linux, este archivo puede estar en diferentes ubicaciones, como **/etc/network/interfaces** o **/etc/sysconfig/network-scripts/ifcfg-eth0**.

El archivo **/etc/network/interfaces** es un archivo de configuración importante en sistemas operativos basados en Linux, como Ubuntu y Debian, que se utiliza para definir la configuración de las interfaces de red del sistema. Permite especificar cómo se deben configurar las interfaces de red, incluyendo asignación de direcciones IP, máscaras de subred, puertas de enlace y otras opciones.

El archivo **/etc/network/interfaces** se encuentra en el directorio /etc, que contiene archivos de configuración del sistema. Es importante tener privilegios de superusuario (**root**) para editar este archivo, ya que cualquier cambio en la configuración de red puede tener un impacto significativo en la conectividad del sistema.

El formato del archivo **/etc/network/interfaces** es sencillo y consta de líneas de texto con distintos campos. Cada interfaz de red se define en una sección separada, identificada por la palabra clave **iface** seguida del nombre de la interfaz (por ejemplo, eth0 o wlan0).

Dentro de cada sección, se pueden especificar diversas opciones de configuración. Algunas de las más comunes incluyen:

- **address**: especifica la dirección IP que se asignará a la interfaz.

- **netmask**: define la máscara de subred que se utilizará en la interfaz.

- **gateway**: indica la puerta de enlace predeterminada para la interfaz, que es la dirección IP del enrutador utilizado para enviar paquetes a otras redes.

- **dns-nameservers**: permite especificar las direcciones IP de los servidores DNS que utilizará el sistema para resolver nombres de dominio.

Un ejemplo de cómo se vería una configuración básica para una interfaz de red Ethernet en el archivo **/etc/network/interfaces** sería el siguiente:

```
# Configuración para la interfaz Ethernet eth0
auto eth0
iface eth0 inet static
address 192.168.1.100
netmask 255.255.255.0
gateway 192.168.1.1
dns-nameservers 8.8.8.8 8.8.4.4
```

En este caso, se ha configurado la interfaz eth0 con una dirección IP estática de 192.168.1.100, una máscara de subred de 255.255.255.0 y una puerta de enlace de 192.168.1.1. También se han especificado dos servidores DNS de Google (8.8.8.8 y 8.8.4.4) para que el sistema pueda resolver nombres de dominio.

Cualquier cambio realizado en el archivo **/etc/network/interfaces** no tendrá efecto inmediato en la configuración de red del sistema. Para que los cambios surtan efecto, es necesario reiniciar la interfaz de red o el sistema.

Una vez que se tengan todos estos elementos, se puede proceder a realizar la configuración básica de la red LAN en Linux. Es importante efectuar pruebas y verificaciones para asegurarse de que todos los dispositivos se estén comunicando correctamente y que la red funcione de manera eficiente y segura. Con la configuración básica de redes LAN en Linux establecida, es posible expandir y agregar más funcionalidades a la red según las necesidades específicas de cada entorno.

1.2.1 Instalación y configuración inicial de Linux en una red LAN

La instalación y configuración inicial de Linux en una red LAN puede variar dependiendo de la distribución que se esté utilizando. A continuación, se presenta un proceso general para la instalación y configuración inicial:

PASO 1

Obtener la distribución de Linux

Lo primero que se debe hacer es obtener la distribución de Linux que se desea instalar. Existen muchas distribuciones disponibles, como Ubuntu, CentOS y Fedora, entre otras. Descarga la imagen de la distribución desde el sitio web oficial.

PASO 2

Crear un medio de instalación

Una vez que se tenga la imagen de la distribución, se debe crear un medio de instalación, como un DVD o una unidad USB bootable. Esto se puede hacer utilizando programas como Rufus (para Windows) o Etcher (para MacOS y Linux).

PASO 3

Arrancar desde el medio de instalación

Con el medio de instalación listo, reinicia la computadora y asegúrate de que se arranque desde el DVD o la unidad USB. Esto puede requerir cambiar la secuencia de arranque en la configuración del BIOS o UEFI.

PASO 4

Iniciar la instalación

Una vez que se haya arrancado desde el medio de instalación, sigue las instrucciones en pantalla para iniciar el proceso de instalación. Generalmente, se te pedirá que selecciones el idioma, la zona horaria y el teclado.

PASO 5

Particionar el disco

Durante la instalación, se te pedirá que particiones el disco duro. Puedes optar por una instalación junto a otro sistema operativo (dual-boot) o utilizar todo el disco para Linux. Si no estás seguro de cómo hacerlo, es recomendable seleccionar la opción predeterminada que la instalación te ofrece.

PASO 6

Configurar la red

Durante la instalación, se te pedirá que configures la red. Aquí es donde debes asegurarte de que la computadora esté conectada a la red LAN y que obtenga una dirección IP válida.

PASO 7

Crear un usuario

Una vez que la instalación haya finalizado, deberás crear un usuario y una contraseña para acceder al sistema.

PASO 8

Actualizar el sistema

Después de la instalación, es recomendable actualizar el sistema para asegurarte de tener las últimas actualizaciones y parches de seguridad.

Una vez que hayas completado la instalación de Linux en la red LAN, puedes proceder a realizar la configuración inicial de la red, como la configuración de IP estática o dinámica, la configuración de DNS y el acceso a recursos compartidos. Esto se puede hacer a través de la configuración de red de la distribución de Linux que estés utilizando.

1.2.2 Configuración de interfaces de red y asignación de direcciones IP

Las interfaces de red y las direcciones IP son elementos fundamentales en el funcionamiento de las redes de computadoras. En este contexto, una interfaz de red es un componente físico o lógico que permite la conexión de una computadora o dispositivo a una red, mientras que una dirección IP es una etiqueta numérica única que se asigna a cada dispositivo conectado a la red para identificarlo y permitir su comunicación con otros dispositivos.

Las interfaces de red pueden ser de diferentes tipos, como tarjetas de red Ethernet, tarjetas inalámbricas (WiFi) o interfaces virtuales que se crean para propósitos específicos.

Cada interfaz de red tiene una dirección MAC (Media Access Control), que es una dirección física única asignada por el fabricante del dispositivo.

Por otro lado, las direcciones IP son una parte esencial del Protocolo de Internet (IP), que es el utilizado para el enrutamiento de datos en Internet y otras redes. Las direcciones IP están compuestas por cuatro números separados por puntos; cada número tiene un rango de 0 a 255, por ejemplo, 192.168.1.1. Existen dos tipos principales de direcciones IP: IPv4 (versión 4) e IPv6 (versión 6). IPv4 es el estándar más utilizado y se está migrando gradualmente a IPv6 debido a la limitación del número de direcciones IPv4 disponibles.

En una red local (LAN), las direcciones IP se utilizan para identificar cada dispositivo en la red y permitir la comunicación entre sí. Cada dispositivo conectado a la LAN tiene una dirección IP única asignada, lo que facilita el enrutamiento de datos entre ellos. El servicio DHCP (Dynamic Host Configuration Protocol) se emplea en una LAN para asignar automáticamente direcciones IP a los dispositivos cuando se conectan a la red.

Es importante mencionar que las direcciones IP se dividen en dos partes: la red y el host. La parte de la dirección que identifica la red es común para todos los dispositivos en la misma red, mientras que la parte que identifica el host es única para cada dispositivo en la red.

En Linux, la configuración de las interfaces de red y la asignación de direcciones IP se puede realizar de diferentes maneras, dependiendo de la distribución que estés utilizando.

Aquí te presentamos dos métodos habituales para hacerlo.

1.2.2.1 CONFIGURACIÓN MANUAL MEDIANTE EL ARCHIVO DE CONFIGURACIÓN

PASO 1

Abre una terminal o consola en Linux.

PASO 2

Utiliza un editor de texto para abrir el archivo de configuración de red. Dependiendo de la distribución, el archivo puede llamarse **interfaces**, **ifcfg-ethX** (donde X es el número de interfaz) o **netplan**.

PASO 3

En el archivo de configuración, busca la sección correspondiente a la interfaz de red que deseas configurar. Puede haber varias secciones si tienes múltiples interfaces de red.

PASO 4

Añade las siguientes líneas para configurar una dirección IP estática:

```
iface eth0 inet static
address 192.168.1.100
netmask 255.255.255.0
gateway 192.168.1.1
```

Reemplaza **eth0** por el nombre de tu interfaz de red y ajusta la dirección IP, máscara de red y puerta de enlace según tu red.

PASO 5

Guarda los cambios y cierra el archivo de configuración.

PASO 6

Reinicia el servicio de red para aplicar la configuración:

```
sudo systemctl restart networking
```

1.2.2.2 CONFIGURACIÓN MEDIANTE COMANDOS

PASO 1

Abre una terminal o consola en Linux.

PASO 2

Utiliza el comando **ip** para configurar la interfaz de red y asignar una dirección IP. Por ejemplo, para configurar una IP estática en la interfaz **eth0**:

```
sudo ip address add 192.168.1.100/24 dev eth0
```

Reemplaza **eth0** por el nombre de tu interfaz de red y ajusta la dirección IP y la máscara según tu red.

PASO 3

Utiliza el comando **ip** para configurar la puerta de enlace. Por ejemplo:

```
sudo ip route add default via 192.168.1.1
```

Reemplaza **192.168.1.1** por la dirección IP de tu puerta de enlace.

PASO 4

Verifica la configuración de la interfaz de red con el comando **ip**:

```
ip address show
```

Estos son dos métodos para configurar interfaces de red y asignar direcciones IP en Linux. También existen herramientas gráficas y otros procedimientos para llevar a cabo estas acciones, dependiendo de la distribución y el entorno que estés utilizando. La configuración de red en Linux puede ser una tarea poderosa y flexible, pero también requiere un conocimiento adecuado para evitar problemas y asegurar un funcionamiento correcto de la red. Es recomendable tener precaución al modificar la configuración de red, ya que cambios incorrectos pueden afectar la conectividad de la máquina en la red.

1.2.3 Configuración de servicios básicos de red

En Linux, los servicios básicos de red son componentes esenciales que permiten la comunicación y el intercambio de datos entre las máquinas dentro de una red local (LAN). Estos servicios son fundamentales para el funcionamiento de la red, y facilitan la conectividad y el acceso a los recursos compartidos. A continuación, describiremos algunos de los servicios básicos de red más importantes en Linux:

▸ **Configuración de interfaz de red**: Linux utiliza interfaces de red para conectar las máquinas a la red. La configuración de la interfaz de red incluye asignar una dirección IP, configurar la máscara de subred, establecer la puerta de enlace (gateway) y configurar los servidores DNS. Esta configuración se puede realizar a mano o mediante el uso de DHCP para obtener automáticamente una dirección IP de un servidor.

▸ **Servicio DHCP**: el Protocolo de Configuración Dinámica de Host (DHCP) permite a las máquinas obtener automáticamente una dirección IP, máscara de subred, puerta de enlace y servidores DNS desde un servidor DHCP en la red. Esto simplifica la configuración de red, ya que los dispositivos pueden obtener una dirección IP válida sin necesidad de configurar manualmente cada máquina.

▸ **Resolución de nombres**: para que las máquinas puedan comunicarse entre sí utilizando nombres de host en lugar de direcciones IP, es necesario resolver los nombres en direcciones IP. Linux utiliza el archivo **/etc/hosts** para asociar nombres de host con direcciones IP locales, y el archivo /**etc/resolv.conf** para configurar los servidores DNS que se usarán para resolver nombres de dominio.

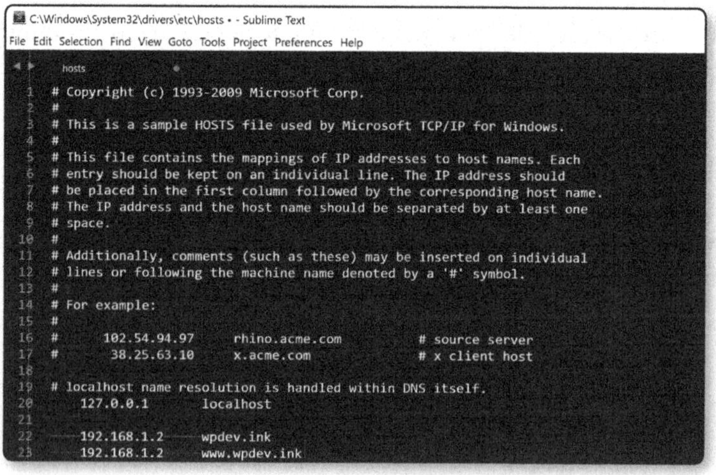

Figura 1.5. Archivo /etc/hosts.

▶ **Enrutamiento y reenvío de paquetes**: Linux también proporciona funciones de enrutamiento y reenvío de paquetes que permiten que los datos sean enviados de un nodo a otro a través de diferentes redes. El enrutamiento se basa en la tabla de enrutamiento del sistema, que contiene información sobre las rutas y las interfaces de red disponibles.

▶ **Firewall**: Linux incluye un firewall integrado llamado **Netfilter**, que permite filtrar y controlar el tráfico de red. El firewall se configura mediante el uso de reglas que especifican qué tipo de tráfico está permitido o bloqueado. Esto ayuda a mejorar la seguridad de la red y protege a las máquinas de posibles amenazas externas.

▶ **Servicios de red compartidos**: Linux también puede funcionar como servidor para proporcionar servicios compartidos en la red, como compartir archivos e impresoras mediante el protocolo SMB/CIFS (Samba), compartir recursos mediante el protocolo NFS y compartir acceso a Internet mediante el servicio NAT (Network Address Translation), entre otros.

Para configurar los servicios básicos de red en Linux, completa los siguientes pasos:

PASO 1

Si prefieres utilizar DHCP para obtener automáticamente una dirección IP de tu red, la configuración ya suele estar habilitada de manera predeterminada. Sin embargo, asegúrate de que el servicio DHCP esté activo en tu red. Para ello, verifica si el paquete del servidor DHCP está instalado. Lo primero que debes hacer es asegurarte de que el paquete del servidor DHCP esté instalado en Linux. Puedes hacerlo ejecutando el siguiente comando en la terminal:

```
dpkg -l | grep dhcp
```

Si el paquete está instalado, deberías ver una lista de paquetes relacionados con DHCP.

Luego verifica el estado del servicio DHCP. Una vez que te has asegurado de que el paquete está instalado, comprueba si el servicio DHCP está activo y en ejecución. Puedes hacerlo ejecutando el siguiente comando en la terminal:

```
sudo systemctl status isc-dhcp-server
```

Si el servicio está activo, verás un mensaje que indica que está **activo (running)**.

PASO 2

Abre el archivo **/etc/hosts** con un editor de texto. Añade las entradas para los nombres de host y direcciones IP de las máquinas en tu red. Por ejemplo:

```
192.168.1.100 mi-pc
192.168.1.101 servidor
```

PASO 3

Abre el archivo **/etc/hostname** con un editor de texto. Escribe el nombre de host de la máquina en una sola línea y guárdalo. Por ejemplo:

```
mi-pc
```

PASO 4

Reinicia el servicio de red para aplicar los cambios realizados. El comando puede variar según la distribución, pero algunos ejemplos son:

```
sudo systemctl restart networking (en sistemas con systemd)
sudo service network restart (en sistemas con SysV init)
```

PASO 5

Utiliza comandos como **ip** a o **ifconfig** para verificar que las interfaces de red tengan las direcciones IP correctas, y el comando **ping** para comprobar la conectividad con otras máquinas en tu red.

PASO 6

Ahora debes configurar el archivo **/etc/resolv.conf**, que contiene la configuración de los servidores DNS que usa tu máquina para resolver nombres de dominio. Puedes agregar las siguientes líneas para utilizar los servidores DNS de Google:

```
nameserver 8.8.8.8
nameserver 8.8.4.4
```

Guarda el archivo y reinicia el servicio de red para aplicar los cambios.

Es importante tener en cuenta que la configuración puede variar según la distribución que estés utilizando. También es recomendable leer la documentación y guías de tu distribución específica para obtener información detallada sobre la configuración de la red en tu sistema. Además, ten en cuenta que la configuración de red puede requerir privilegios de superusuario, por lo que es posible que necesites usar **sudo** o iniciar sesión como usuario **root** para realizar algunos cambios.

1.3 ACTIVIDADES

A continuación se presentan las preguntas y los ejercicios que deberías saber responder y resolver para considerar aprendido el capítulo.

1.3.1 Test de autoevaluación

1. *¿Qué es Linux y cuál es su importancia en el contexto de las redes LAN?*

2. *¿Cuál es la diferencia entre una red LAN y una red WAN?*

3. *¿Cuáles son las ventajas de utilizar Linux en una red LAN?*

4. *¿Qué se necesita para realizar una configuración básica de redes LAN con Linux?*

5. *¿Cuál es el propósito del archivo /etc/network/interfaces en Linux?*

6. *¿Cómo se configuran las interfaces de red y las direcciones IP en Linux?*

7. *¿Qué servicios básicos de red se pueden configurar en Linux?*

8. *¿Cómo puedes verificar que el servicio DHCP esté activo en tu red desde Linux?*

1.3.2 Ejercicios prácticos

1. *Configuración de una interfaz de red: realiza la configuración de una interfaz de red en Linux para asignarle una dirección IP estática y una máscara de subred. Luego, verifica la conectividad con otros dispositivos en la red.*

2. *Configuración de DHCP: configura el servicio DHCP en tu sistema Linux para que funcione como un servidor que asigna direcciones IP dinámicamente a otros dispositivos en la red. Comprueba que los dispositivos puedan obtener una dirección IP de manera automática.*

3. *Uso de comandos de red: utiliza comandos como **ping**, **ifconfig** e **ip** para verificar la conectividad de tu sistema Linux con otros dispositivos en la red, y para mostrar información sobre las interfaces de red y las direcciones IP asignadas.*

4. *Configuración de enrutamiento: configura el enrutamiento en Linux para que los paquetes puedan ser enviados entre diferentes redes en una LAN. Prueba la conectividad entre dispositivos en distintas subredes.*

5. *Uso de herramientas de monitoreo de red: instala y utiliza herramientas de monitoreo de red como Wireshark para analizar el tráfico de red en tu red LAN y comprender cómo se comunican los dispositivos entre sí.*

2

FIREWALL Y SEGURIDAD EN CAPAS

Los **firewalls** desempeñan un papel crucial tanto en las redes LAN (Local Area Network) como en las redes WiFi, ya que son fundamentales para garantizar la seguridad y protección de los dispositivos y datos en estos entornos de comunicación inalámbrica y cableada. Estos sistemas de seguridad actúan como una barrera esencial entre las redes internas y el mundo exterior, ayudando a prevenir posibles amenazas y vulnerabilidades cibernéticas.

2.1 SEGURIDAD EN REDES CON FIREWALL E IPTABLES

En el contexto de las redes LAN, un firewall establece un perímetro defensivo que controla y filtra el tráfico de datos entrante y saliente. Esto significa que cualquier información que ingrese o salga de la red se somete a una rigurosa inspección para determinar si es legítima o potencialmente dañina. Al implementar reglas y políticas de seguridad, los firewalls aseguran que solo las comunicaciones autorizadas y seguras se permitan, lo que evita intrusiones no deseadas y protege los recursos y activos de la red.

En las redes WiFi, donde la conectividad inalámbrica es esencial para la movilidad y la accesibilidad, los firewalls son igualmente vitales. Dado que las redes WiFi son más susceptibles a ataques y amenazas debido a su naturaleza inalámbrica y al mayor alcance de las señales, los firewalls proporcionan una capa adicional de seguridad. Protegen a los dispositivos conectados en la red contra posibles ataques maliciosos, como el acceso no autorizado, el robo de información y el malware.

La importancia de los firewalls en redes LAN y WiFi radica en su capacidad para mitigar riesgos y salvaguardar la confidencialidad, integridad y disponibilidad de los datos. Actúan como guardianes vigilantes, monitoreando constantemente el tráfico de la red en busca de actividad sospechosa y aplicando medidas de seguridad según sea necesario. Además de bloquear amenazas conocidas, los firewalls también pueden detectar patrones de comportamiento anómalos, lo que los convierte en un componente clave en la detección temprana y la prevención de ataques cibernéticos.

En un entorno tecnológico donde la seguridad cibernética es primordial, la implementación de firewalls en redes LAN y WiFi es clave. Al establecer un perímetro defensivo sólido y al aplicar políticas de seguridad, los firewalls desempeñan un papel esencial en la protección de las redes y dispositivos contra amenazas en constante evolución. Su presencia contribuye significativamente a crear un ambiente digital seguro y confiable, lo que es indispensable para garantizar la continuidad de las operaciones y la privacidad en el mundo interconectado actual.

2.1.1 Firewall e iptables

Un firewall es una herramienta esencial en la seguridad de las redes, diseñado para establecer una barrera defensiva entre una red interna y el mundo exterior, con el propósito de proteger los dispositivos y datos ante posibles amenazas cibernéticas. Su función principal es controlar y filtrar el flujo de tráfico de datos entrante y saliente, para asegurar que solo las comunicaciones legítimas y autorizadas sean permitidas.

En el contexto de los entornos Linux, el término **iptables** se refiere a un sistema de filtrado de paquetes y configuración de reglas que permite a los administradores de sistemas controlar y gestionar el tráfico de red. Iptables es una parte integral del kernel de Linux y proporciona una amplia gama de funcionalidades para establecer reglas específicas sobre cómo deben tratarse los paquetes de datos. Estas reglas pueden determinar qué tipos de conexiones se permiten, bloquean o redirigen, y pueden ser configuradas para aplicaciones y servicios particulares.

Iptables opera a nivel de paquetes, lo que significa que examina cada paquete individual de datos que entra o sale de una interfaz de red y toma decisiones en función de las reglas predefinidas. Esto permite tener un control granular sobre el tráfico de red y la capacidad de aplicar medidas de seguridad adaptadas a cada necesidad. Iptables se configura mediante una serie de comandos o mediante scripts, lo que brinda a los administradores de sistemas un alto grado de flexibilidad y personalización en la protección de su infraestructura de red.

En conjunto, un firewall en un entorno Linux, a menudo implementado utilizando iptables, es una herramienta poderosa para garantizar la seguridad y privacidad en las comunicaciones. Permite establecer políticas de seguridad, bloquear accesos no autorizados, autorizar conexiones específicas y redirigir el tráfico de manera eficiente. Además, facilita la detección y prevención de amenazas cibernéticas al proporcionar un control detallado sobre cómo se manejan los paquetes de datos.

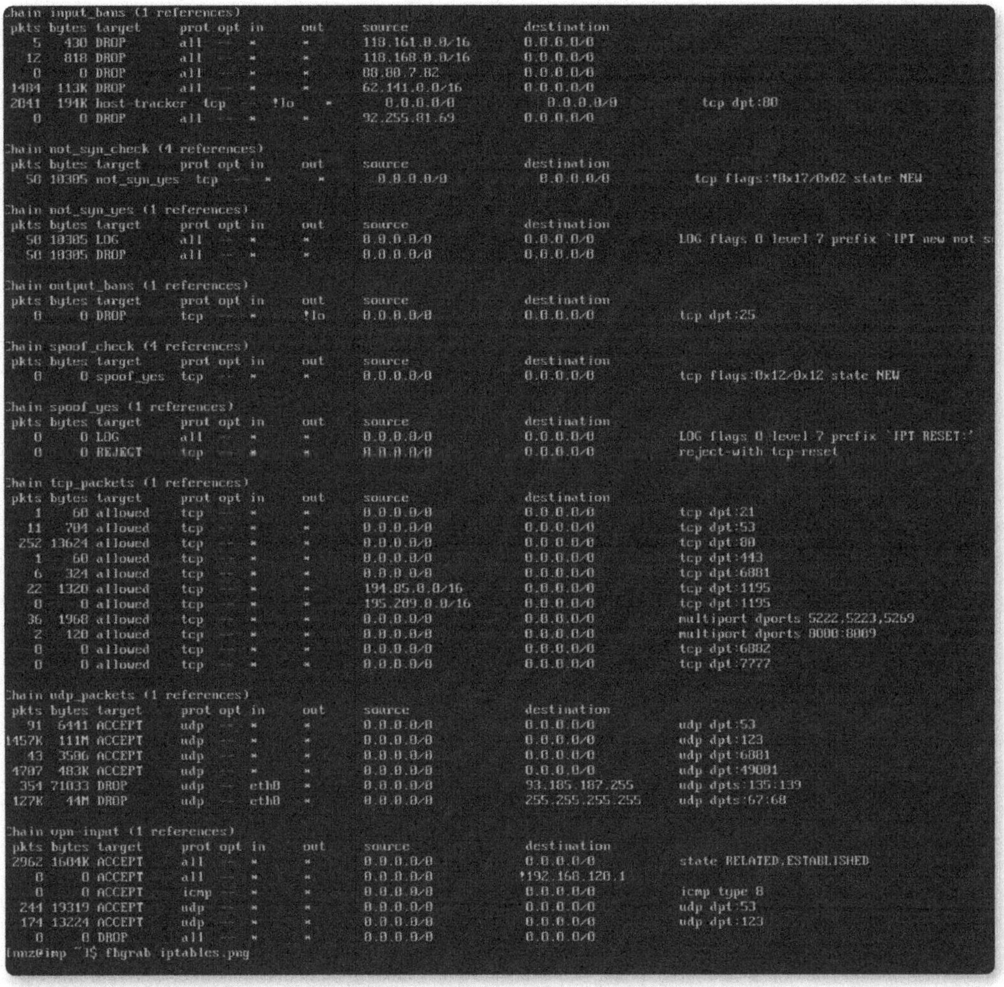

Figura 2.1. Iptables en Linux.

2.1.2 Configuración de iptables en Linux

La configuración de iptables en sistemas Linux representa un componente esencial para establecer una infraestructura de seguridad robusta en redes LAN y WiFi. Iptables es una herramienta poderosa que permite a los administradores de sistemas definir reglas de filtrado de paquetes para controlar el flujo de tráfico de red y proteger los activos y datos críticos de la organización.

Funciona a través de la creación y gestión de reglas que especifican cómo se debe manejar el tráfico de red. Cada regla se basa en criterios particulares, como direcciones IP de origen y destino, puertos de origen y destino, protocolos de red y estados de conexión.

Las reglas pueden ser diseñadas para permitir o denegar el tráfico, redirigirlo a puertos específicos o incluso alterar paquetes antes de que lleguen a su destino.

Un enfoque fundamental en la configuración de iptables es establecer políticas predeterminadas para las cadenas de filtro. Por ejemplo, una política predeterminada puede configurarse para denegar todo el tráfico entrante y saliente, excepto aquel que cumple con reglas específicas. Esto crea un enfoque de seguridad por defecto que exige explícitamente la definición de reglas para el tráfico permitido.

Imagina que deseas configurar iptables en una red LAN para permitir únicamente el acceso entrante al servidor web (puerto 80) y al servidor de correo (puerto 25). Podrías establecer las siguientes reglas:

```
iptables -A INPUT -p tcp –dport 80 -j ACCEPT
iptables -A INPUT -p tcp –dport 25 -j ACCEPT
iptables -A INPUT -j DROP
```

Estas reglas permitirían el tráfico entrante a los puertos 80 y 25, que corresponden al servidor web y al servidor de correo, respectivamente. Todas las demás conexiones entrantes serían denegadas debido a la última regla que utiliza el target DROP.

```
[sagar@tecmint ~]$ sudo iptables -L --line-numbers
Chain INPUT (policy ACCEPT)
num  target     prot opt source               destination
1    ACCEPT     all  --  anywhere             anywhere             state RELATED,ESTABLISHED
2    ACCEPT     icmp --  anywhere             anywhere
3    ACCEPT     all  --  anywhere             anywhere
4    ACCEPT     tcp  --  anywhere             anywhere             state NEW tcp dpt:ssh
5    REJECT     all  --  anywhere             anywhere             reject-with icmp-host-prohibited
6    ACCEPT     tcp  --  anywhere             anywhere             tcp dpt:https
7    REJECT     tcp  --  anywhere             anywhere             tcp dpt:http reject-with icmp-port-unreachable
8    ACCEPT     all  --  69.63.176.13         anywhere
9    DROP       all  --  192.168.0.27         anywhere

Chain FORWARD (policy ACCEPT)
num  target     prot opt source               destination
1    REJECT     all  --  anywhere             anywhere             reject-with icmp-host-prohibited

Chain OUTPUT (policy ACCEPT)
num  target     prot opt source               destination
[sagar@tecmint ~]$
```

Figura 2.2. Iptables permite establecer reglas para el tráfico de salida, lo que brinda un mayor control sobre las comunicaciones de red. Por ejemplo, podrías configurar iptables para denegar el acceso a sitios web específicos desde la red LAN, y evitar que los usuarios accedan a contenido no deseado o potencialmente malicioso.

Es importante resaltar que la configuración de iptables puede ser compleja y requerir un entendimiento profundo de las reglas y la sintaxis. Por lo tanto, es recomendable realizar pruebas en un entorno de prueba antes de implementar reglas en un entorno de producción. Además, el uso incorrecto de iptables puede resultar en bloqueos de red no deseados o vulnerabilidades de seguridad.

2.1.2.1 SINTAXIS DE IPTABLES

La sintaxis de iptables es fundamental para configurar de manera precisa y efectiva las reglas de filtrado de paquetes en sistemas Linux. Iptables utiliza una estructura de línea de comandos para definir cómo se debe gestionar el tráfico de red, lo que brinda un alto grado de flexibilidad y control a los administradores de sistemas.

La sintaxis básica de iptables sigue este patrón:

```
iptables [opciones] <cadena> <regla>
```

Donde:

- ▶ **iptables**: es el comando utilizado para interactuar con iptables.

- ▶ **[opciones]**: se refiere a las opciones adicionales que se pueden agregar al comando, como **-A** (agregar una regla) o **-D** (eliminar una regla).

- ▶ **<cadena>**: hace referencia a la cadena de iptables en la que se aplicará la regla, como **INPUT**, **OUTPUT** o **FORWARD**.

- ▶ **<regla>**: es la regla específica que se debe aplicar en la cadena. Esto incluye detalles como el protocolo, las direcciones IP, los puertos y la acción que se debe tomar (como **ACCEPT** o **DROP**).

Para ilustrar la sintaxis en un ejemplo práctico, imagina que quieres permitir el tráfico entrante en el puerto 22 (SSH) y denegar todo lo demás en la cadena **INPUT**. La regla podría lucir de la siguiente manera:

```
iptables -A INPUT -p tcp –dport 22 -j ACCEPT
```

En este caso:

- ▶ **-A INPUT**: indica que se está agregando una regla a la cadena **INPUT**.

- ▶ **-p tcp**: especifica el protocolo (en este caso, TCP).

- ▶ **-dport 22**: establece que la regla se aplica al puerto de destino 22 (SSH).

- ▶ **-j ACCEPT**: indica que el tráfico que cumple con la regla debe ser aceptado.

El orden de las reglas es significativo. Las reglas se evalúan de manera secuencial y se aplicará la primera regla que coincida con el tráfico. Por lo tanto, es crucial planificar y organizar las reglas en forma coherente para evitar conflictos o resultados inesperados.

Además, iptables también permite el uso de tablas específicas, como **filter**, **nat** y **mangle**, para realizar tareas particulares de filtrado, traducción de direcciones y manipulación de paquetes, respectivamente. Cada tabla contiene cadenas predefinidas (como **INPUT**, **OUTPUT** y **FORWARD**) en las que se pueden agregar reglas.

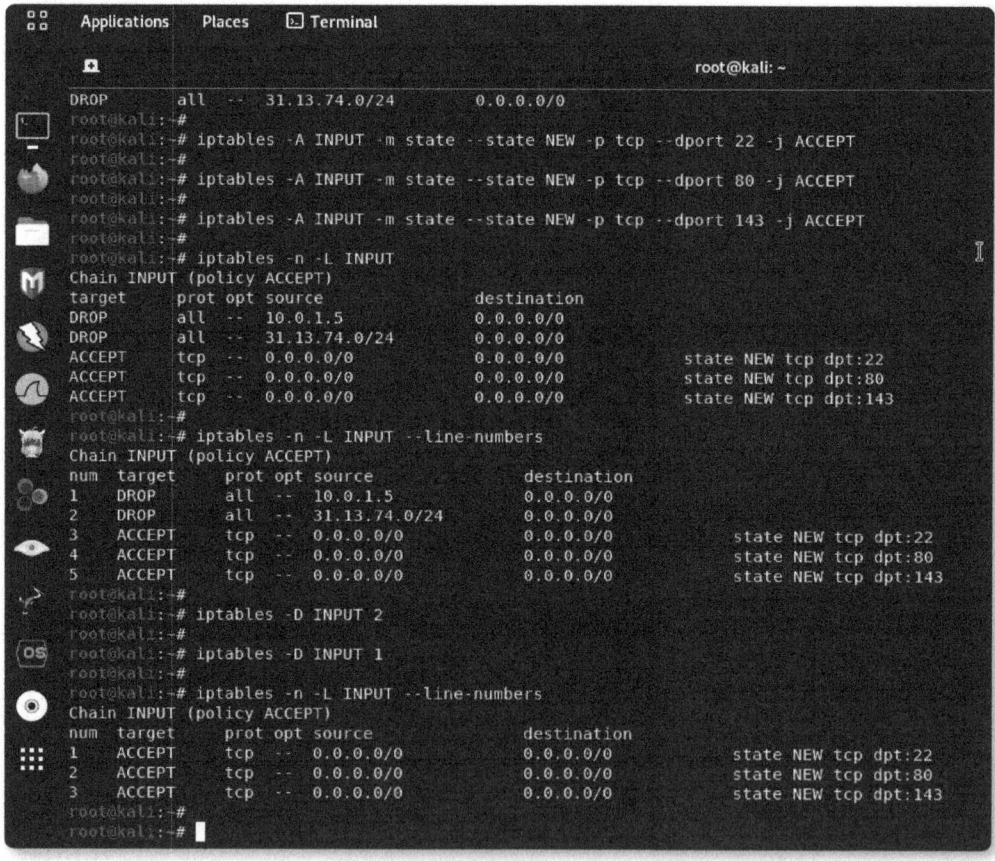

Figura 2.3. Sintaxis de iptables.

2.1.2.2 FUNCIONAMIENTO BÁSICO

Veamos los pasos que deberás seguir para ejecutar y utilizar **iptables** en Linux.

PASO 1

Acceder a la terminal

Abre una terminal en tu distribución de Linux. Puedes encontrarla en el menú de aplicaciones o utilizando el atajo de teclado **CTRL + ALT + T**.

PASO 2

Comprobar el estado de iptables

Antes de comenzar, verifica si iptables está instalado y activo en tu sistema. Escribe el siguiente comando en la terminal:

```
sudo iptables -L
```

Esto mostrará las reglas actuales de iptables. Si es la primera vez que lo ejecutas, es probable que todavía no haya reglas configuradas.

PASO 3

Configurar reglas básicas

Puedes comenzar con reglas básicas para permitir todo el tráfico saliente y bloquear todo el tráfico entrante. Escribe los siguientes comandos en la terminal:

```
sudo iptables -P INPUT DROP
sudo iptables -P FORWARD DROP
sudo iptables -P OUTPUT ACCEPT
```

Estas reglas establecen que el tráfico entrante se bloquea por defecto, mientras que el tráfico saliente se permite.

PASO 4

Agregar reglas personalizadas

Ahora puedes agregar reglas personalizadas según tus necesidades. Por ejemplo, si deseas permitir el tráfico SSH desde una dirección IP específica, puedes usar el siguiente comando:

```
sudo iptables -A INPUT -p tcp —dport 22 -s 203.0.113.5 -j ACCEPT
```

Esto permite el acceso SSH desde la dirección IP **203.0.113.5**.

PASO 5

Verificar las reglas

Después de agregar reglas, verifica una vez más el estado de **iptables** para asegurarte de que se hayan aplicado correctamente:

```
sudo iptables -L
```

PASO 6

Guardar las reglas

Las reglas de **iptables** no se guardarán automáticamente después de reiniciar el sistema. Para guardarlas y asegurarte de que se apliquen en cada reinicio, debes usar el siguiente comando:

```
sudo sh -c "iptables-save > /etc/iptables.rules"
```

Luego, puedes cargar las reglas guardadas al reiniciar el sistema utilizando:

```
sudo iptables-restore < /etc/iptables.rules
```

PASO 7

Practicar y experimentar

A medida que te sientas más cómodo con **iptables**, puedes practicar y experimentar con diferentes reglas para ajustar la seguridad de tu red según tus necesidades. Recuerda que es importante comprender bien cada regla que configures.

PASO 8

Documentar tus reglas

A medida que configuras reglas más complejas, es útil documentarlas en un archivo para futura referencia. Puedes crear un archivo de texto y anotar las reglas que has configurado.

A continuación podrás ver algunos ejemplos completos de configuración de **iptables**.

Permitir tráfico SSH entrante y saliente:

```
# Limpieza de reglas existentes
iptables -F

# Establecer políticas por defecto
iptables -P INPUT DROP
iptables -P FORWARD DROP
iptables -P OUTPUT ACCEPT

# Permitir tráfico SSH entrante
iptables -A INPUT -p tcp —dport 22 -j ACCEPT

# Permitir tráfico SSH saliente
iptables -A OUTPUT -p tcp —sport 22 -j ACCEPT
```

Permitir tráfico web (HTTP/HTTPS) entrante:

```
# Limpieza de reglas existentes
iptables -F

# Establecer políticas por defecto
iptables -P INPUT DROP
iptables -P FORWARD DROP
iptables -P OUTPUT ACCEPT

# Permitir tráfico HTTP (puerto 80) entrante
iptables -A INPUT -p tcp —dport 80 -j ACCEPT

# Permitir tráfico HTTPS (puerto 443) entrante
iptables -A INPUT -p tcp —dport 443 -j ACCEPT
```

Permitir acceso completo a un servidor web:

```
# Limpieza de reglas existentes
iptables -F

# Establecer políticas por defecto
iptables -P INPUT DROP
iptables -P FORWARD DROP
iptables -P OUTPUT DROP

# Permitir tráfico HTTP (puerto 80) entrante
iptables -A INPUT -p tcp —dport 80 -j ACCEPT
```

```
# Permitir tráfico HTTPS (puerto 443) entrante
iptables -A INPUT -p tcp —dport 443 -j ACCEPT

# Permitir tráfico SSH (puerto 22) entrante
iptables -A INPUT -p tcp —dport 22 -j ACCEPT

# Permitir tráfico DNS (puerto 53) entrante y saliente
iptables -A INPUT -p udp —dport 53 -j ACCEPT
iptables -A OUTPUT -p udp —sport 53 -j ACCEPT
```

Denegar tráfico entrante específico:

```
# Limpieza de reglas existentes
iptables -F

# Establecer políticas por defecto
iptables -P INPUT DROP
iptables -P FORWARD DROP
iptables -P OUTPUT ACCEPT

# Denegar tráfico desde una dirección IP específica
iptables -A INPUT -s 192.168.1.100 -j DROP

# Denegar tráfico a un puerto específico
iptables -A INPUT -p tcp —dport 25 -j DROP
```

Permitir acceso de una subred específica:

```
# Limpieza de reglas existentes
iptables -F

# Establecer políticas por defecto
iptables -P INPUT DROP
iptables -P FORWARD DROP
iptables -P OUTPUT ACCEPT

# Permitir tráfico desde una subred específica
iptables -A INPUT -s 192.168.2.0/24 -j ACCEPT
```

Ahora verás algunos ejemplos más complejos de configuraciones de iptables que abordan situaciones más avanzadas de seguridad y administración de redes:

NAT (Network Address Translation) y enmascaramiento:

```
# Habilitar NAT en una red interna (192.168.1.0/24) hacia Internet
iptables -t nat -A POSTROUTING -s 192.168.1.0/24 -o eth0 -j MASQUERADE
```

Redireccionamiento de puertos (Port Forwarding):

```
# Redireccionar tráfico entrante del puerto 80 a un servidor web interno
(192.168.1.10)
iptables -t nat -A PREROUTING -i eth0 -p tcp —dport 80 -j DNAT —to-destination
192.168.1.10:80
```

Limitar la tasa de conexiones entrantes:

```
# Limitar la tasa de conexiones SSH entrantes a 3 por minuto
iptables -A INPUT -p tcp —dport 22 -m conntrack —ctstate NEW -m limit —limit 3/
min -j ACCEPT
iptables -A INPUT -p tcp —dport 22 -m conntrack —ctstate NEW -j DROP
```

Evitar ataques de fuerza bruta SSH:

```
# Limitar la tasa de conexiones SSH entrantes y bloquear después de múltiples
intentos fallidos
iptables -A INPUT -p tcp —dport 22 -m conntrack —ctstate NEW -m recent —set
iptables -A INPUT -p tcp —dport 22 -m conntrack —ctstate NEW -m recent —update —
seconds 60 —hitcount 3 -j DROP
```

Establecer políticas de calidad de servicio (QoS):

```
# Dar prioridad al tráfico de VoIP (puerto 5060) sobre otro tráfico
iptables -A INPUT -p udp —dport 5060 -j ACCEPT
iptables -A INPUT -m conntrack —ctstate RELATED,ESTABLISHED -j ACCEPT
iptables -A FORWARD -p udp —dport 5060 -j ACCEPT
iptables -A FORWARD -m conntrack —ctstate RELATED,ESTABLISHED -j ACCEPT
```

A continuación, se presenta un ejemplo integrador completo y detallado que muestra el potencial y uso de iptables en un escenario de red:

Supón que tienes una red LAN con los siguientes requisitos de seguridad y configuración:

▼ Permitir acceso SSH desde el exterior solo a una dirección IP específica.

▼ Redireccionar el tráfico del puerto 80 al servidor web interno.

▼ Limitar la tasa de conexiones entrantes en general.

▼ Establecer reglas de reenvío de puertos para servicios internos.

▼ Proteger contra ataques de denegación de servicio (DoS) y escaneo de puertos.

```
# Borrar reglas existentes (recomendado en un nuevo escenario)
iptables -F
iptables -X

# Establecer políticas predeterminadas (DROP para INPUT, FORWARD y OUTPUT)
iptables -P INPUT DROP
iptables -P FORWARD DROP
iptables -P OUTPUT DROP

# Permitir acceso SSH solo desde una dirección IP específica
iptables -A INPUT -p tcp —dport 22 -s 203.0.113.5 -j ACCEPT

# Redireccionar el tráfico del puerto 80 al servidor web interno
iptables -t nat -A PREROUTING -i eth0 -p tcp —dport 80 -j DNAT —to-destination
192.168.1.10:80

# Limitar la tasa de conexiones entrantes
iptables -A INPUT -m state —state NEW -m recent —set
iptables -A INPUT -m state —state NEW -m recent —update —seconds 60 —hitcount 10
-j DROP

# Establecer reglas de reenvío de puertos (ejemplo: SSH y FTP internos)
iptables -t nat -A PREROUTING -i eth0 -p tcp —dport 2222 -j DNAT —to-destination
192.168.1.20:22
iptables -t nat -A PREROUTING -i eth0 -p tcp —dport 21 -j DNAT —to-destination
192.168.1.30:21

# Proteger contra ataques de DoS y escaneo de puertos
iptables -A INPUT -p tcp —tcp-flags SYN,ACK,FIN,RST RST -m limit —limit 1/s -j
```

```
ACCEPT
iptables -A INPUT -p icmp -m limit —limit 1/s -j ACCEPT
```

El código anterior muestra cómo iptables puede utilizarse para configurar políticas de seguridad y restringir el acceso a determinados servicios. Las reglas permiten el acceso solo desde direcciones IP específicas, redirigen puertos, limitan la tasa de conexiones y protegen contra ataques de denegación de servicio y escaneo de puertos.

2.1.3 Reglas de filtrado y protección contra ataques

En el ámbito de la seguridad informática, el filtrado de paquetes y la protección contra ataques son aspectos cruciales para garantizar la integridad y la disponibilidad de los sistemas y las redes. En entornos Linux, iptables emerge como una herramienta fundamental para establecer reglas de filtrado y defensa contra ataques, brindando un control granular sobre el tráfico de red entrante y saliente.

Iptables es un sistema de filtrado de paquetes que opera a nivel de kernel en el stack de red de Linux. Permite configurar reglas que determinan cómo se manejarán los paquetes que viajan a través de una interfaz de red. Estas reglas pueden definir acciones como aceptar, rechazar o redirigir paquetes en función de diversos criterios, como la dirección IP de origen y destino, el puerto, el protocolo y más.

Una de las funcionalidades más valiosas de iptables es su capacidad para fortalecer la seguridad de una red mediante la prevención de ataques maliciosos. Al configurar reglas adecuadas, es posible mitigar riesgos comunes, como ataques de denegación de servicio (DoS), escaneo de puertos y ataques de fuerza bruta.

Por ejemplo, para proteger contra escaneos de puertos, se pueden establecer reglas que limiten la cantidad de conexiones permitidas en un período de tiempo determinado. Además, iptables permite bloquear ciertas direcciones IP que puedan estar involucradas en actividades sospechosas o maliciosas.

2.1.3.1 IMPLEMENTACIÓN DE REGLAS

La configuración de reglas en iptables se realiza a través de la línea de comandos. Cada regla consiste en una serie de condiciones que deben cumplirse para que se aplique una acción específica. Es fundamental comprender la sintaxis de iptables y los diversos parámetros que se pueden utilizar en las reglas.

Un ejemplo básico de regla podría ser el siguiente:

```
sudo iptables -A INPUT -s 192.168.1.0/24 -p tcp —dport 22 -j DROP
```

Esta regla bloquearía el tráfico SSH (puerto 22) proveniente de la subred 192.168.1.0/24.

El monitoreo constante y la auditoría de las reglas de iptables son esenciales para asegurarse de que la configuración de seguridad sea efectiva y esté actualizada. Cambios en la infraestructura de red o en los servicios pueden requerir ajustes en las reglas existentes.

2.2 SEGURIDAD EN LA CAPA DE APLICACIÓN

La capa de aplicación en un sistema Linux es un componente crucial de su seguridad global. Representa la puerta de entrada para usuarios y aplicaciones, y cualquier brecha en esta capa podría tener consecuencias graves para la integridad y la confidencialidad de los datos.

Es por eso que implementar medidas de **protección de la capa de aplicación** es esencial para garantizar un entorno informático protegido.

▼ Auditoría y control de aplicaciones

Una parte fundamental de la seguridad en la capa de aplicación es la auditoría y el control de las aplicaciones que se ejecutan en el sistema. Esto implica revisar y monitorear las aplicaciones para detectar posibles vulnerabilidades o comportamientos maliciosos. Herramientas como SELinux (Security-Enhanced Linux) permiten establecer políticas de seguridad que restringen los permisos y las acciones que las aplicaciones pueden realizar. Esto evita que aplicaciones comprometidas lleven a cabo acciones no autorizadas o accedan a datos sensibles.

▼ Protección contra amenazas web

La seguridad en la capa de aplicación también se enfoca en proteger las aplicaciones web y sus componentes, como servidores web y bases de datos. Las amenazas web, como ataques de inyección SQL y cross-site scripting (XSS), pueden comprometer la integridad y la privacidad de los datos. Implementar medidas como la validación y el escape de datos de entrada, el uso de listas de control de acceso y la configuración segura de servidores web (por ejemplo, Apache o Nginx) ayuda a mitigar estas amenazas.

▼ **Actualizaciones y parches**

Mantener las aplicaciones y los servicios actualizados es crucial para evitar la explotación de vulnerabilidades conocidas. Los atacantes a menudo buscan sistemas desactualizados como objetivos fáciles. Utilizar sistemas de gestión de paquetes, como APT o YUM, para instalar parches y actualizaciones de seguridad garantiza que las aplicaciones estén protegidas contra las últimas amenazas.

▼ **Autenticación y control de acceso**

La autenticación y el control de acceso son componentes clave de la seguridad en la capa de aplicación. Implementar mecanismos sólidos de autenticación, como el uso de contraseñas seguras o autenticación de dos factores, asegura que solo usuarios autorizados puedan acceder a las aplicaciones y los datos. Además, establecer políticas de control de acceso basadas en roles y permisos limita las acciones que los usuarios pueden realizar dentro de las aplicaciones.

2.2.1 Estrategias

Establecer medidas de seguridad en la capa de aplicación en Linux es fundamental para proteger los sistemas y los datos contra amenazas y ataques cibernéticos. A continuación verás algunas estrategias y técnicas que se pueden implementar:

▼ **Validación y escape de datos de usuario**: toda entrada proporcionada por los usuarios, como formularios web o consultas de bases de datos, debe ser validada y escapada adecuadamente para prevenir ataques de inyección SQL, Cross-Site Scripting (XSS) y otros tipos de ataques de manipulación de datos.

▼ **Implementación de autenticación y autorización robusta**: es importante asegurarse de que los usuarios tengan acceso solo a las funciones y datos para los que están autorizados, al utilizar sistemas de autenticación seguros, como autenticación de dos factores (2FA), y configurar roles y permisos apropiadamente.

▼ **Actualización regular de software**: hay que mantener todas las aplicaciones y software actualizados con las últimas versiones y parches de seguridad. Esto incluye el sistema operativo, bibliotecas y frameworks utilizados en la aplicación.

▼ **Escaneo de código fuente y pruebas de penetración**: se deben realizar análisis estáticos y dinámicos del código fuente de la aplicación para identificar posibles vulnerabilidades, así como pruebas de penetración para descubrir debilidades y corregirlas antes de que puedan ser explotadas.

▼ **Protección contra XSS y CSRF**: implica implementar medidas para prevenir ataques de Cross-Site Scripting (XSS) y Cross-Site Request Forgery (CSRF), como la validación de encabezados HTTP y el uso de tokens anti-CSRF.

▼ **Configuración segura de servidores web**: es fundamental configurar adecuadamente el servidor web (por ejemplo, Apache o Nginx) siguiendo las mejores prácticas de seguridad. Esto incluye la restricción de permisos, la deshabilitación de funciones no utilizadas y la configuración de cortafuegos de aplicaciones web.

▼ **Filtrado y validación de datos de entrada**: significa filtrar y validar exhaustivamente todos los datos de entrada antes de procesarlos, y utilizar bibliotecas y herramientas de validación para prevenir ataques de inyección y manipulación de datos.

▼ **Encriptación de datos sensibles**: implica utilizar encriptación para proteger los datos sensibles, tanto en tránsito como en reposo. Esto incluye el uso de HTTPS para comunicaciones web y el cifrado de bases de datos y sistemas de archivos.

▼ **Gestión de sesiones y cookies seguras**: implementar mecanismos seguros de gestión de sesiones y cookies permite prevenir el secuestro de sesiones y otros ataques relacionados con la autenticación.

▼ **Monitorización y registro de actividades**: significa establecer sistemas de monitorización y registro para detectar actividades sospechosas o anómalas. Esto permite tener una respuesta rápida ante posibles ataques y una investigación forense en caso de incidentes.

▼ **Educación y concienciación del usuario**: es clave capacitar a los usuarios y al personal con respecto a las buenas prácticas de seguridad en línea, como la creación de contraseñas fuertes, la detección de correos electrónicos de phishing y la comprensión de los riesgos de seguridad.

Ahora verás algunos ejemplos prácticos para realizar acciones de protección en la capa de aplicación mediante la consola de Linux.

Actualización de software:

```
sudo apt update
sudo apt upgrade
```

Escaneo de código fuente con **snyk**:

```
npm install -g snyk
cd directorio_de_la_aplicacion
snyk test
```

Configuración de cortafuegos de aplicaciones web con **ufw**:

```
sudo ufw enable
sudo ufw default deny incoming
sudo ufw default allow outgoing
sudo ufw allow ssh
sudo ufw allow http
sudo ufw allow https
```

Encriptación de comunicaciones web con **Certbot**:

```
sudo apt install certbot python3-certbot-apache
sudo certbot —apache
```

Filtrado y validación de datos de entrada en un script de bash:

```
# Validar que la entrada sea un número
read -p "Ingresa un número: " numero
if [[ ! $numero =~ ^[0-9]+$ ]]; then
    echo "Entrada no válida. Ingresa un número."
    exit 1
fi
```

Encriptación de datos sensibles con **gpg**:

```
gpg —symmetric archivo_privado.txt
```

Configuración de cortafuegos de aplicaciones web con **iptables**:

```
sudo iptables -A INPUT -p tcp —dport 80 -j ACCEPT
sudo iptables -A INPUT -p tcp —dport 443 -j ACCEPT
sudo iptables -A INPUT -j DROP
```

Protección contra XSS y CSRF en una aplicación PHP:

```
// Protección contra XSS
$nombre = htmlspecialchars($_POST['nombre'], ENT_QUOTES, 'UTF-8');

// Protección contra CSRF
session_start();
if ($_SESSION['token'] !== $_POST['token']) {
    die("Error de seguridad");
}
```

Gestión de sesiones y cookies seguras en PHP:

```
// Iniciar una sesión segura
session_start([
    'cookie_lifetime' => 86400,
    'cookie_secure' => true,
    'cookie_httponly' => true
]);
```

Monitorización de actividades con **auditd**:

```
sudo apt install auditd
sudo auditctl -w /ruta/a/archivo -p rwxa
sudo ausearch -f /ruta/a/archivo
```

2.3 SEGURIDAD EN LA CAPA DE TRANSPORTE Y RED

La seguridad en las capas de transporte y red en Linux es fundamental para garantizar la integridad, confidencialidad y disponibilidad de la comunicación entre sistemas. Estas capas son esenciales en la arquitectura de redes y, por lo tanto, requieren medidas de seguridad sólidas para proteger la información durante su transmisión.

2.3.1 Seguridad en la capa de transporte (TCP/UDP)

En la **capa de transporte**, los protocolos TCP (Transmission Control Protocol) y UDP (User Datagram Protocol) son los más utilizados para el intercambio de datos. Para mejorar la seguridad en esta capa, se pueden implementar las siguientes medidas:

▸ **Encriptación de datos**: el uso de protocolos como TLS (Transport Layer Security) para cifrar la comunicación entre sistemas es crucial. Esto asegura que los datos transmitidos no sean interceptados ni modificados por terceros no autorizados.

▸ **Filtrado de puertos**: mediante el uso de firewalls y herramientas como iptables, se pueden configurar reglas para permitir o denegar el tráfico en puertos específicos. Esto ayuda a controlar qué servicios y aplicaciones pueden acceder a través de la red.

▸ **Control de flujo**: implementar mecanismos de control de flujo en la capa de transporte ayuda a evitar ataques de inundación de red (como DDoS) y mejora la estabilidad de la comunicación.

Veamos algunas formas prácticas de implementar las medidas anteriores:

Encriptación de datos con OpenSSL:

```
openssl s_server -accept 443 -cert server.crt -key server.key
```

Filtrado de puertos con **iptables**:

```
iptables -A INPUT -p tcp —dport 22 -j DROP
iptables -A INPUT -p tcp —dport 80 -j ACCEPT
```

Control de flujo con **tc** (Traffic Control):

```
tc qdisc add dev eth0 root netem delay 100ms
tc qdisc del dev eth0 root netem
```

2.3.2 Seguridad en la capa de red (IP)

La capa de red es responsable de enrutar los datos a través de la red. Para fortalecer la seguridad en esta capa, considera lo siguiente:

▼ **Segmentación de red**: divide la red en segmentos más pequeños y aísla los dispositivos en grupos lógicos. Esto reduce la superficie de ataque y limita la propagación de posibles amenazas.

▼ **VPN (Virtual Private Network)**: establecer conexiones VPN cifradas permite a los usuarios acceder a la red de forma segura desde ubicaciones remotas.

▼ **Filtrado de paquetes**: utiliza herramientas como iptables para filtrar paquetes en función de direcciones IP y rangos, lo que ayuda a controlar el acceso y la comunicación entre redes.

▼ **Autenticación y autorización**: implementa mecanismos de autenticación y autorización en la capa de red para asegurar que solo los dispositivos y usuarios autorizados puedan acceder a la red.

▼ **Monitoreo de tráfico**: utiliza herramientas de monitoreo de tráfico para detectar patrones inusuales de comunicación que puedan indicar un ataque o actividad maliciosa.

Veamos formas prácticas de implementar estas acciones:

Segmentación de red con VLANs:

```
ip link add link eth0 name eth0.10 type vlan id 10
ip link set dev eth0 up
ip link set dev eth0.10 up
```

VPN con OpenVPN:

```
openvpn —config client.ovpn
```

Filtrado de paquetes con **iptables**:

```
iptables -A FORWARD -s 192.168.1.0/24 -d 192.168.2.0/24 -j ACCEPT
iptables -A FORWARD -j DROP
```

Autenticación y autorización con Radius:

```
apt-get install freeradius
```

Monitoreo de tráfico con **tcpdump**:

```
tcpdump -i eth0 -n port 80
```

2.4 SEGURIDAD EN LA CAPA DE ENLACE

La **capa de enlace**, también conocida como capa 2 del modelo OSI, desempeña un papel crítico en la seguridad de una red, ya que está directamente involucrada en la comunicación entre dispositivos dentro de una misma red local (LAN). Esta capa se encarga de la transmisión de datos entre nodos adyacentes en la misma red física y se centra en la dirección física (dirección MAC) de los dispositivos. La importancia de asegurar la capa de enlace radica en varios aspectos clave:

- **Control de acceso y segmentación**: asegurar la capa de enlace permite controlar quiénes tienen acceso a la red y segmentar el tráfico en grupos lógicos. Esto ayuda a evitar que dispositivos no autorizados se conecten a la red y a reducir el riesgo de que un atacante comprometa todos los dispositivos en caso de una brecha.

- **Prevención de ataques ARP spoofing**: los ataques de **ARP spoofing** son comunes en redes locales y pueden permitir a un atacante interceptar, redirigir o manipular el tráfico entre dispositivos. Asegurar la capa de enlace ayuda a prevenir estos ataques, porque permite detectar cambios inusuales en las tablas **ARP** y bloquear intentos de spoofing.

- **Mitigación de ataques de capa 2**: al asegurar la capa de enlace, se pueden implementar reglas y filtros para controlar el tráfico de capa 2. Esto incluye la capacidad de filtrar direcciones MAC, bloquear ciertos tipos de tráfico entre interfaces y prevenir la propagación de paquetes maliciosos.

- **Optimización del rendimiento**: asegurar la capa de enlace ayuda a optimizar el rendimiento de la red al prevenir congestiones e impedir la propagación de tráfico innecesario o malicioso.

- **Protección contra redirecciones maliciosas**: la capa de enlace también es fundamental para evitar redirecciones maliciosas de tráfico. Al configurar adecuadamente las directivas del kernel, es posible prevenir que los dispositivos de la red envíen o acepten redirecciones, reduciendo así el riesgo de manipulación de rutas.

- **Resistencia ante amenazas internas**: asegurar la capa de enlace es fundamental para proteger la red contra amenazas internas. Incluso si un atacante ya tiene acceso a la red, las medidas de seguridad en la capa de enlace dificultan la propagación de ataques y la lateralización del movimiento del atacante.

La seguridad en la capa de enlace en Linux se refiere a la protección y control de acceso a nivel de direcciones MAC y protocolos Ethernet. Esta capa se ocupa de la comunicación entre dispositivos dentro de una misma red local, y su fortalecimiento es esencial para evitar ataques y garantizar la integridad y confidencialidad de los datos.

Control de acceso a nivel de MAC: filtrado de direcciones MAC con iptables:

```
iptables -A INPUT -m mac —mac-source 00:11:22:33:44:55 -j ACCEPT
iptables -A INPUT -j DROP
```

Prevención de ataques ARP spoofing: protección con **arpwatch**:

```
apt-get install arpwatch
```

Implementación de VLANs: creación de VLANs con **vconfig**:

```
vconfig add eth0 10
ifconfig eth0.10 up
```

Control de tráfico de capa 2 con **ebtables**: bloqueo de tráfico entre interfaces con **ebtables**:

```
ebtables -A FORWARD -i eth0 -o eth1 -j DROP
```

Control de broadcast y multicast: restricción de broadcast con **iptables**:

```
iptables -A INPUT -p udp —dport 67:68 -j DROP
```

Protección contra ataques de redirección de tráfico: configuración de **/etc/sysctl.conf** para redirecciones:

```
net.ipv4.conf.all.accept_redirects = 0
net.ipv4.conf.all.send_redirects = 0
```

Aseguramiento de redes WiFi: uso de WPA2 y EAP para seguridad en WiFi:

```
wpa_supplicant -B -i wlan0 -c /etc/wpa_supplicant.conf
```

Estos ejemplos representan algunas de las medidas que se pueden tomar para reforzar la seguridad en la capa de enlace en un entorno Linux. Cada una de estas acciones contribuye a crear una red más segura y confiable, lo que evita ataques y protege la integridad de los datos en la red local.

2.5 ACTIVIDADES

A continuación se presentan las preguntas y los ejercicios que deberías saber responder y resolver para considerar aprendido el capítulo.

2.5.1 Test de autoevaluación

1. *¿Qué es la capa de enlace en el modelo OSI y cuál es su función principal en una red?*

2. *Describe brevemente qué es un firewall y cuál es su importancia en la seguridad de una red.*

3. *¿Cómo se pueden establecer medidas de seguridad en la capa de aplicación en Linux? Proporciona un ejemplo.*

4. *¿Cuál es la función de iptables en Linux y cómo se configura para filtrar el tráfico de red?*

5. *Explica el concepto de dirección MAC y su relevancia en la capa de enlace de una red.*

6. *¿Qué es el ARP spoofing y cómo puede afectar a una red? ¿Cómo se puede prevenir?*

7. *Describe la importancia de asegurar la capa de enlace en una red LAN y cómo contribuye a la seguridad general.*

8. *¿Cuál es la diferencia entre una red LAN y una red WiFi en términos de seguridad y desafíos?*

9. *Explica cómo se pueden configurar las interfaces de red y asignar direcciones IP en Linux.*

10. *¿Por qué es crucial implementar reglas de filtrado en iptables? Proporciona un ejemplo de una regla de filtrado en Linux.*

2.5.2 Ejercicios prácticos

1. *Configuración de iptables: utiliza la consola de Linux para configurar iptables y establecer una regla que permita el tráfico SSH desde una dirección IP específica, bloqueando el acceso desde otras direcciones.*

2. *Detección de ARP spoofing: crea un escenario en tu red LAN donde simules un ataque de ARP spoofing. Luego, utiliza herramientas como arpwatch para detectar y mitigar el ataque.*

3. *Aplicación de filtrado en la capa de aplicación: utiliza iptables para bloquear el acceso a un servicio específico (por ejemplo, HTTP) desde una dirección IP determinada en tu red.*

4. *Configuración de seguridad en la capa de enlace: configura port security en un switch Ethernet para limitar la cantidad de direcciones MAC permitidas en un puerto y prevenir ataques de MAC flooding.*

5. *Monitorización de tráfico de red: utiliza herramientas como Wireshark para capturar y analizar el tráfico en tu red LAN o WiFi. Identifica posibles amenazas o anomalías y toma medidas para mitigarlas.*

3

MONITOREO Y REGISTRO DE EVENTOS

El monitoreo y el registro de eventos son aspectos fundamentales en la seguridad de redes LAN y WiFi en entornos Linux. Estas prácticas permiten supervisar y registrar todas las actividades de red, identificar comportamientos anómalos y detectar posibles amenazas o brechas de seguridad en tiempo real.

3.1 CONCEPTOS CLAVE

A través de la supervisión constante y la recopilación de datos, los administradores de red pueden identificar patrones sospechosos, comportamientos inusuales y actividades maliciosas en tiempo real.

3.1.1 Supervisión de actividades de red

El monitoreo de eventos implica el seguimiento constante de las actividades de la red, como la transferencia de datos, el acceso a recursos compartidos y las conexiones establecidas entre dispositivos. Las herramientas de monitoreo proporcionan información detallada sobre el tráfico de red, incluyendo direcciones IP, puertos utilizados y protocolos involucrados.

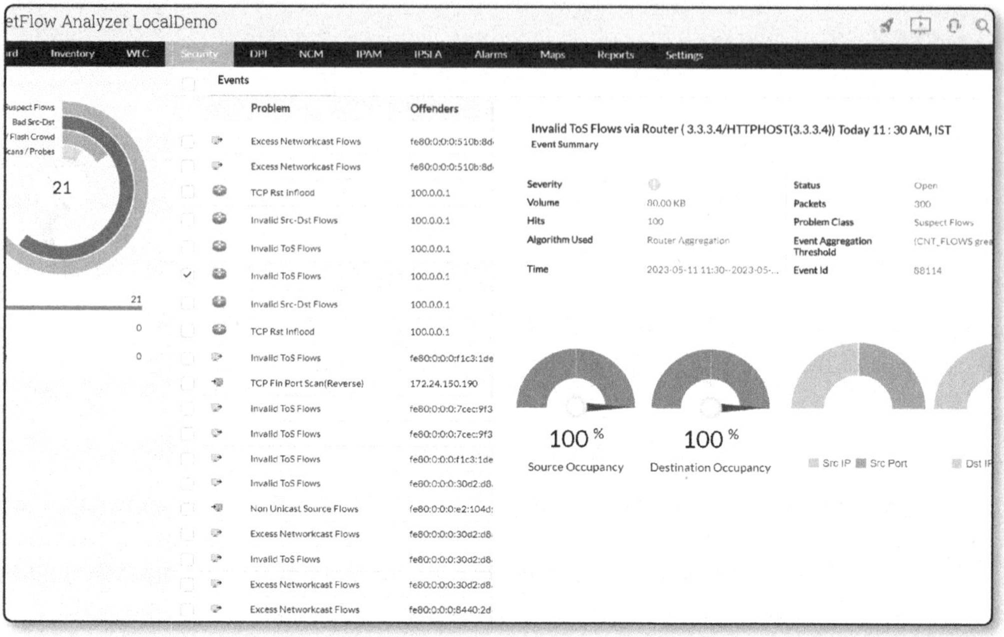

Figura 3.1. Al observar el tráfico en tiempo real, los administradores pueden detectar inmediatamente actividades que podrían representar una amenaza para la seguridad.

3.1.2 Detección de comportamientos anómalos

El monitoreo continuo permite detectar comportamientos anómalos que podrían indicar una posible intrusión o actividad maliciosa. Esto incluye patrones de tráfico inusuales, intentos repetidos de acceso no autorizado y actividades fuera de lo común en la red. La detección temprana de estas anomalías es esencial para detener posibles ataques antes de que causen daño.

3.1.3 Registro y almacenamiento de datos

La recopilación y el almacenamiento de eventos relevantes son fundamentales para el análisis posterior y la investigación forense. Los eventos se registran en archivos de registro que contienen detalles sobre cada actividad, incluidas marcas de tiempo, direcciones IP y descripciones de la actividad. Los archivos de registro proporcionan una traza de auditoría que permite a los administradores rastrear y analizar eventos pasados.

3.1.4 Estrategias de monitoreo y registro

▶ **Implementación de herramientas**: se utilizan herramientas especializadas como Snort, Suricata, Nagios, o herramientas de administración centralizada como Splunk para monitorear y recopilar datos de eventos.

▶ **Configuración de reglas y alertas**: las herramientas de monitoreo se configuran con reglas personalizadas que definen comportamientos maliciosos o inusuales. Cuando una actividad coincide con estas reglas, se genera una alerta para notificar a los administradores.

▶ **Análisis y correlación de datos**: los registros de eventos se analizan y correlacionan para identificar patrones que puedan indicar una amenaza. Esto puede implicar comparar eventos de diferentes fuentes para obtener una comprensión más completa de la actividad.

▶ **Respuesta y acción rápida**: en caso de detectar una actividad sospechosa, se deben tomar medidas inmediatas para mitigar la amenaza y prevenir posibles daños.

El monitoreo y el registro de eventos son elementos esenciales en la seguridad de redes LAN y WiFi en entornos Linux, ya que proporcionan una defensa activa y proactiva contra amenazas cibernéticas. A través de la vigilancia continua y el análisis de datos, los administradores pueden salvaguardar la integridad de la red y garantizar que se mantenga un entorno seguro para los usuarios y los datos.

3.1.5 Importancia del monitoreo y registro

▶ **Detección de intrusiones**: el monitoreo y el registro permiten identificar intentos de intrusión, comportamientos maliciosos y actividades no autorizadas en la red.

▶ **Respuesta rápida**: al monitorear en tiempo real y registrar eventos, los administradores pueden responder rápidamente a incidentes de seguridad y minimizar el impacto.

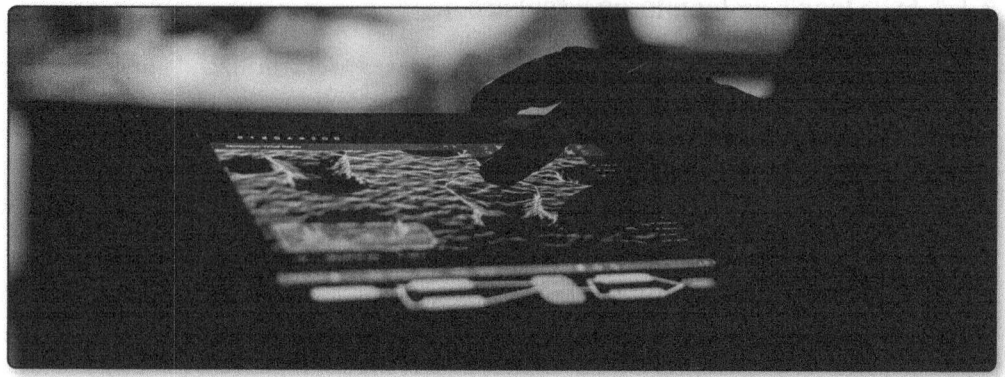

Figura 3.2. Los registros de eventos son valiosos para el análisis forense después de un incidente de seguridad. Ayudan a comprender cómo se originó y propagó una amenaza.

▸ **Cumplimiento regulatorio**: el registro de eventos es crucial para cumplir con requisitos regulatorios y normativas de seguridad en diversos sectores.

▸ **Identificación de patrones**: el monitoreo a largo plazo y el análisis de registros pueden ayudar a identificar patrones de tráfico, tendencias y anomalías en la red.

▸ **Mejora de la seguridad**: la información recopilada a través del monitoreo y el registro permite ajustar las políticas de seguridad y fortalecer las defensas de la red.

3.2 MONITOREO DE RED

El **monitoreo de red** implica observar constantemente el tráfico y las actividades en la red LAN y WiFi para identificar patrones inusuales o actividades sospechosas. Las herramientas de monitoreo, como **Wireshark**, tcpdump y ntop, permiten capturar y analizar el tráfico de red, lo que facilita la detección temprana de cualquier actividad maliciosa. Los administradores de red pueden supervisar el tráfico en tiempo real, realizar el **control de paquetes** y detectar posibles intrusiones.

El monitoreo de red es una práctica esencial en la seguridad de redes LAN y WiFi en entornos Linux, ya que permite supervisar y analizar de manera continua la actividad de la red para identificar posibles amenazas, anomalías y problemas de rendimiento. Esta técnica proporciona una visión detallada y en tiempo real de la actividad de los dispositivos conectados, el tráfico de datos y otros eventos relevantes en la red.

3.2.1 Importancia del monitoreo de red

Detección temprana de amenazas: el monitoreo constante permite identificar ataques cibernéticos y actividades maliciosas en las etapas iniciales, lo que permite tener una respuesta rápida y eficiente.

▶ **Optimización del rendimiento**: el monitoreo de red ayuda a identificar cuellos de botella, problemas de congestión y otras dificultades de rendimiento, lo que facilita la optimización y el mantenimiento de la red.

▶ **Cumplimiento normativo**: en entornos donde se aplican regulaciones de seguridad, el monitoreo de red proporciona registros detallados para fines de auditoría y cumplimiento.

▶ **Resolución de problemas**: la supervisión continua permite detectar y solucionar problemas en tiempo real, y así minimizar el impacto en los usuarios y los servicios.

3.2.2 Herramientas de monitoreo de red

Wireshark: herramienta de captura y análisis de paquetes de red que permite examinar el tráfico en tiempo real y en detalle.

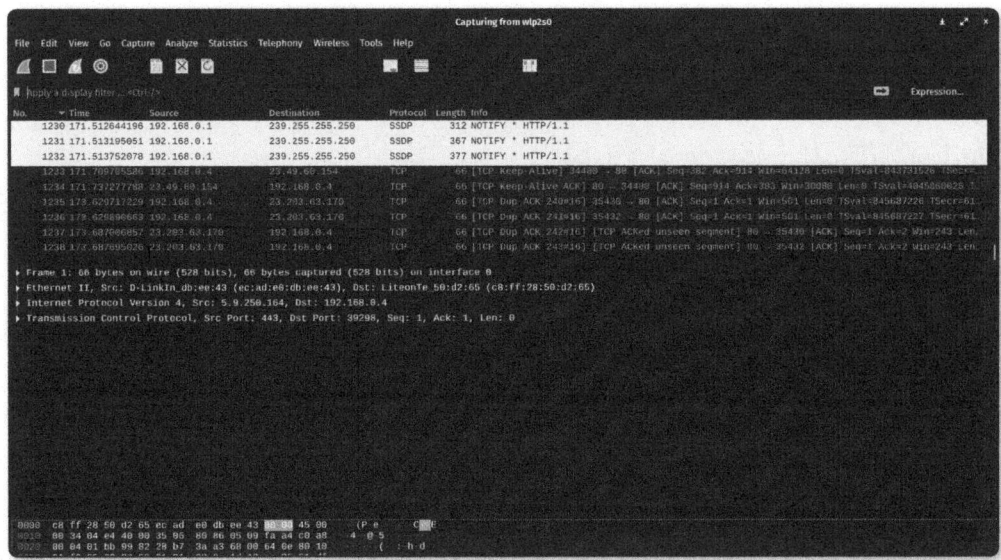

Figura 3.3. Wireshark.

Wireshark es una herramienta para el análisis de protocolos de red que permite capturar, examinar y analizar el tráfico de paquetes. Su funcionalidad es esencial para identificar problemas de red, diagnosticar errores, detectar intrusiones y comprender el funcionamiento de los protocolos de comunicación. A continuación verás un Paso a paso para utilizar Wireshark:

PASO 1

Instalación de Wireshark

Si no tienes Wireshark instalado, puedes hacerlo utilizando el siguiente comando en la terminal:

```
sudo apt-get install wireshark
```

PASO 2

Captura de paquetes

Puedes iniciar una captura de paquetes directamente desde la línea de comandos utilizando **tshark**, que es la versión en modo texto de Wireshark. Por ejemplo, para capturar paquetes en la interfaz de red eth0 y guardarlos en un archivo llamado captura.pcap, ejecuta el siguiente comando:

```
sudo tshark -i eth0 -w captura.pcap
```

PASO 3

Filtrado de paquetes

Puedes realizar un **filtrado de red** para capturar solo paquetes específicos. Por ejemplo, para capturar solo paquetes ICMP (ping), puedes usar el siguiente comando:

```
sudo tshark -i eth0 -w captura_icmp.pcap icmp
```

PASO 4

Análisis de paquetes

Una vez que hayas capturado paquetes, puedes analizarlos usando **tshark** o cargar el archivo **.pcap** en la interfaz gráfica de Wireshark para efectuar un análisis más detallado.

PASO 5

Estadísticas

Es posible obtener estadísticas básicas de la captura directamente desde la línea de comandos. Por ejemplo, para mostrar el resumen de estadísticas de la captura, ejecuta el siguiente comando:

```
tshark -r captura.pcap -qz io,stat,0,"COUNT(ip.src)
ip.src","COUNT(ip.dst) ip.dst"
```

PASO 6

Filtrado y exportación

Puedes aplicar filtros más complejos y exportar los resultados a formatos legibles. Por ejemplo, para exportar solo los paquetes HTTP en formato JSON, usa el siguiente comando:

```
tshark -r captura.pcap -Y "http" -T json > captura_http.json
```

Nagios: herramienta de monitoreo de red que supervisa los dispositivos y servicios en la red y genera alertas en caso de que haya problemas.

Nagios es una poderosa herramienta para la monitorización y gestión de redes que permite a los administradores supervisar la salud y el rendimiento de sus sistemas y servicios en tiempo real. Entre sus capacidades se encuentra la posibilidad de capturar y analizar paquetes de red, lo que resulta fundamental para detectar problemas y vulnerabilidades en una red.

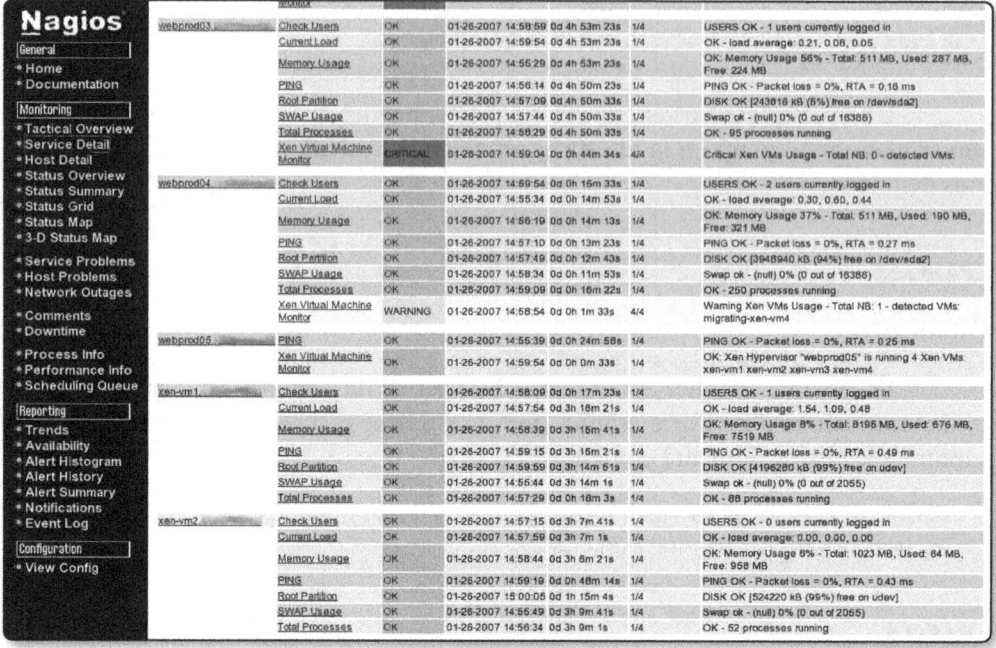

Figura 3.4. Nagios.

A continuación se presentan los pasos para realizar la captura y el análisis de paquetes de red mediante la consola de Linux utilizando Nagios:

PASO 1

Instalación de Nagios

En tu terminal de Linux, ejecuta los comandos necesarios para instalar Nagios. Dependiendo de tu distribución, los comandos pueden variar. Por ejemplo, en sistemas basados en Debian, puedes usar:

```
sudo apt-get install nagios3
```

PASO 2

Configuración del host y el servicio

Utiliza un editor de texto para abrir el archivo de configuración **/etc/nagios3/conf.d/localhost_nagios2.cfg**. Aquí definirás el host que deseas monitorear y el servicio por vigilar (por ejemplo, el servicio HTTP).

PASO 3

Configuración de alertas

En el mismo archivo de configuración, agrega detalles sobre cómo deseas recibir alertas. Puedes especificar una dirección de correo electrónico para recibir notificaciones.

PASO 4

Inicio del servicio Nagios

Reinicia el servicio de Nagios para aplicar los cambios realizados en la configuración. Utiliza el comando:

```
sudo service nagios3 restart
```

PASO 5

Visualización de los resultados

Abre un navegador web y accede a la interfaz web de Nagios ingresando la dirección **http://localhost/nagios3**. Verás el estado actual de los servicios y hosts monitoreados; a continuación, un ejemplo:

```
define host {
    use                 generic-host
    host_name           webserver
    alias               Web Server
    address             192.168.1.100
}

define service {
    use                 generic-service
    host_name           webserver
    service_description HTTP
    check_command       check_http
}

define contact {
    contact_name        admin
    alias               System Administrator
    email               admin@example.com
    service_notification_period 24x7
    host_notification_period    24x7
    service_notification_options w,u,c,r,f,s
```

```
    host_notification_options      d,u,r,f,s
    service_notification_commands notify-service-by-email
    host_notification_commands     notify-host-by-email
}

define contactgroup {
    contactgroup_name        admins
    alias                    Nagios Administrators
    members                  admin
}

define command {
    command_name             notify-service-by-email
    command_line             /usr/bin/printf "%b" "Subject: Nagios Alert\n\
n$OUTPUT$" | /usr/sbin/sendmail -s "Nagios Alert: $SERVICEDESC$ is $SERVICESTA-
TE$" $CONTACTEMAIL$
}

define command {
    command_name             notify-host-by-email
    command_line             /usr/bin/printf "%b" "Subject: Nagios Alert\n\
n$HOSTALIAS$ is $HOSTSTATE$\n\n$HOSTOUTPUT$" | /usr/sbin/sendmail -s "Nagios
Alert: $HOSTALIAS$ is $HOSTSTATE$" $CONTACTEMAIL$
}
```

Zabbix: plataforma de monitoreo integral que proporciona información detallada sobre el rendimiento y la salud de la red.

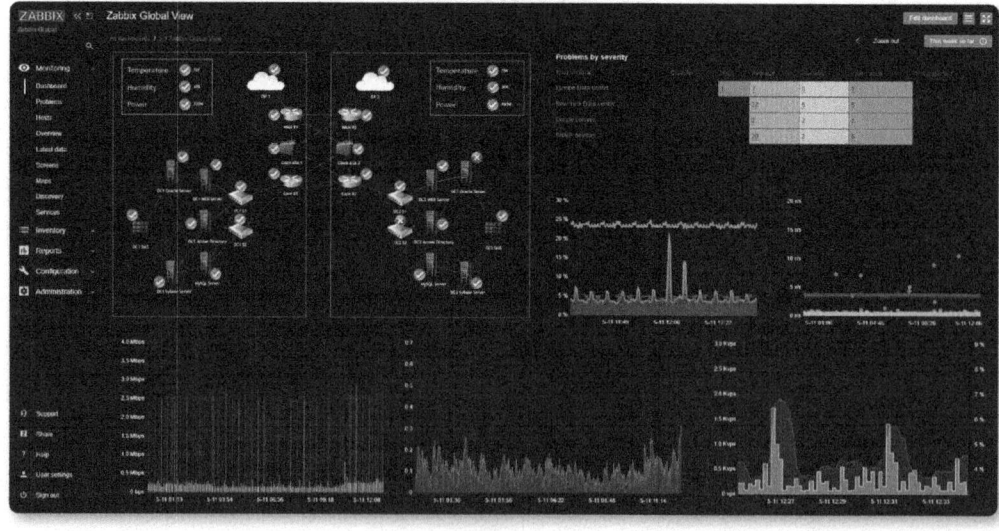

Figura 3.5. Zabbix.

Zabbix es una solución de monitoreo de red y servidores de código abierto que permite supervisar y gestionar el rendimiento y la disponibilidad de diferentes componentes de una infraestructura tecnológica. Desde servidores hasta dispositivos de red, Zabbix proporciona una plataforma integral para la detección temprana de problemas y la optimización del rendimiento en tiempo real.

Imagina que deseas monitorear el estado de un servidor web específico utilizando Zabbix. Aquí tienes un ejemplo de cómo podrías configurar un host y un servicio en Zabbix a través de la consola de comandos:

PASO 1

Acceso a la consola de Zabbix

Inicia sesión en el servidor donde tienes instalado Zabbix y accede a la consola de comandos.

PASO 2

Definición del host

Utiliza el comando **zabbix_sender** para definir un nuevo host en Zabbix:

```
zabbix_sender -z zabbix_server_ip -p 10051 -s "WebServer" -k "agent.hostname" -o
"example.com"
```

PASO 3

Creación del servicio

A continuación, define un servicio para monitorear; puede ser el servicio HTTP. Utiliza el comando **zabbix_sender** para enviar datos al servidor Zabbix:

```
zabbix_sender -z zabbix_server_ip -p 10051 -s "WebServer" -k "http.status" -o
"200"
```

PASO 4

Configuración de alertas

Configura las condiciones de alerta para el servicio monitoreado. Si el estado del servicio HTTP cambia a algo diferente de 200, se generará una alerta.

PASO 5

Visualización de resultados

Accede a la interfaz web de Zabbix para ver los resultados de monitoreo. Aquí podrás observar el estado del servidor web y recibir alertas si algo no está funcionando como se espera.

Snort y Suricata: herramientas para la detección de intrusiones que monitorean y analizan el tráfico de red en busca de patrones maliciosos.

Snort es un sistema de detección de intrusiones de código abierto que monitorea el tráfico de red en busca de actividad maliciosa o anómala. A continuación verás un ejemplo de cómo usar Snort a través de la consola de comandos para monitorear el tráfico en busca de posibles amenazas:

PASO 1

Iniciar Snort en el modo en vivo

Abre una ventana de terminal y ejecuta el siguiente comando para iniciar Snort en el modo en vivo, monitoreando el tráfico en la interfaz de red especificada (puede variar según tu sistema):

```
sudo snort -i eth0 -c /etc/snort/snort.conf
```

Esto ejecutará Snort en el modo en vivo, utilizando la configuración definida en el archivo **/etc/snort/snort.conf**.

PASO 2

Monitoreo en tiempo real

Snort comenzará a monitorear el tráfico en tiempo real en la interfaz de red eth0. Analizará los paquetes entrantes y salientes en busca de patrones que coincidan con las reglas de detección configuradas.

PASO 3

Generación de alertas

Si Snort descubre algún tráfico que coincida con las reglas de detección, generará alertas en la ventana de terminal en tiempo real. Estas alertas proporcionarán información sobre la actividad detectada, como direcciones IP, puertos y descripciones de las posibles amenazas.

PASO 4

Análisis de alertas

Examina las alertas generadas por Snort para determinar si se trata de actividad maliciosa o anómala. Puedes revisar las descripciones y los detalles para tomar medidas adecuadas si es necesario.

PASO 5

Detener Snort

Para detener la ejecución de Snort, simplemente presiona **CTRL + C** en la ventana de terminal donde lo iniciaste. Esto finalizará el monitoreo en vivo.

3.2.3 Métricas monitoreadas

- ▶ **Ancho de banda**: el tráfico de datos es monitoreado para identificar picos de uso y posibles congestiones.

- ▶ **Latencia y retardo**: se mide el tiempo que tarda un paquete en viajar desde el origen hasta el destino, lo que permite identificar demoras inusuales.

- ▶ **Paquetes perdidos**: la pérdida de paquetes puede indicar problemas de conectividad o congestión en la red.

- ▶ **Actividad de dispositivos**: el monitoreo se extiende a la actividad de los dispositivos, como direcciones IP y puertos utilizados.

- ▶ **Patrones de tráfico**: se busca identificar patrones inusuales o picos de actividad que podrían indicar un ataque.

3.2.3.1 GENERACIÓN DE MÉTRICAS MONITOREADAS DE LATENCIA Y RETARDO DE RED

Si deseas monitorear la latencia y el retardo en tu red desde la consola de Linux, aquí tienes un ejemplo utilizando la herramienta **ping**:

PASO 1

Uso de ping para monitorear la latencia

Abre una ventana de terminal y ejecuta el siguiente comando para monitorear la latencia hacia una dirección IP específica (por ejemplo, 8.8.8.8, que es una dirección IP pública de Google):

```
ping 8.8.8.8
```

Esto enviará paquetes ICMP (ping) a la dirección IP y te mostrará información sobre la latencia promedio, el tiempo de ida y vuelta (round-trip time) y otros detalles.

PASO 2

Captura de métricas de retardo

Si deseas medir el retardo en la red, puedes usar la herramienta **traceroute** para rastrear la ruta que toman los paquetes hasta su destino:

```
traceroute 8.8.8.8
```

Esto te mostrará una lista de los saltos que realiza un paquete para llegar a la dirección IP de destino, junto con los tiempos de retardo en milisegundos.

PASO 3

Análisis de las métricas

Examina los valores de latencia y retardo para identificar patrones y tendencias. Presta atención a las fluctuaciones y a los tiempos atípicos, ya que pueden indicar problemas en la red.

PASO 4

Automatización del monitoreo

Si deseas monitorear la latencia y el retardo de manera continua, puedes configurar una tarea programada (usando **cron**) para ejecutar comandos **ping** y **traceroute** en intervalos regulares y registrar los resultados en archivos.

3.2.3.2 GENERACIÓN DE MÉTRICAS DE PAQUETES DE RED PERDIDOS

Imagina que deseas monitorear la pérdida de paquetes en una interfaz de red específica en tu sistema Linux y generar métricas para su análisis posterior. Aquí tienes un ejemplo de cómo hacerlo utilizando la consola de comandos:

PASO 1

Uso de ifconfig para monitorear la interfaz de red

Abre una ventana de terminal y ejecuta el siguiente comando para obtener información sobre las interfaces de red de tu sistema:

```
ifconfig
```

Esto mostrará una lista de las interfaces de red disponibles, junto con detalles sobre direcciones IP y otros parámetros.

PASO 2

Captura de métricas de pérdida de paquetes

Si quieres monitorear la interfaz eth0 y evaluar la pérdida de paquetes, ejecuta el siguiente comando para obtener estadísticas de la interfaz:

```
ethtool -S eth0
```

Obtendrás información sobre las métricas de la interfaz, incluida la cantidad de paquetes transmitidos, recibidos y los paquetes descartados.

PASO 3

Análisis de las métricas

Examina los valores de las métricas relacionadas con paquetes descartados para obtener una idea de la pérdida de paquetes.

Puedes comparar las cifras con el tiempo para identificar patrones de pérdida.

3.2.3.3 GENERACIÓN DE MÉTRICAS MONITOREADAS DE ACTIVIDAD DE DISPOSITIVOS EN LA RED

Si deseas monitorear la actividad de dispositivos en tu red desde la consola de Linux, aquí tienes un ejemplo utilizando la herramienta **arp-scan**:

PASO 1

Instalación de arp-scan

Si aún no tienes instalada la herramienta **arp-scan**, puedes hacerlo usando el siguiente comando:

```
sudo apt-get install arp-scan
```

PASO 2

Uso de arp-scan para monitorear dispositivos en la red

Abre una ventana de terminal y ejecuta el siguiente comando para escanear los dispositivos activos en tu red local:

```
sudo arp-scan —localnet
```

Esto enviará solicitudes ARP a todos los dispositivos en tu red, y mostrará una lista de direcciones IP y direcciones MAC de los dispositivos que respondieron.

PASO 3

Análisis de las métricas

Examina la lista de dispositivos encontrados y su actividad en la red. Puedes identificar los dispositivos activos y su dirección MAC. Esto te dará una idea de cuántos dispositivos están conectados a la red en ese momento.

3.2.3.4 GENERACIÓN DE MÉTRICAS MONITOREADAS DE PATRONES DE TRÁFICO

Si deseas monitorear los patrones de tráfico en tu red desde la consola de Linux, aquí tienes un ejemplo utilizando la herramienta **tcpdump**:

PASO 1

Instalación de tcpdump

Si aún no tienes instalada la herramienta **tcpdump**, puedes hacerlo usando el siguiente comando:

```
sudo apt-get install tcpdump
```

PASO 2

Captura y análisis de tráfico de red

Abre una ventana de terminal y ejecuta el siguiente comando para capturar el tráfico en tiempo real en la interfaz de red específica (por ejemplo, eth0):

```
sudo tcpdump -i eth0
```

Se mostrará una lista de paquetes de red que están pasando por la interfaz especificada. Puedes ver información detallada sobre los paquetes, como direcciones IP de origen y destino, puertos, protocolos, etc.

PASO 3

Filtrado de tráfico

Puedes aplicar filtros a la captura para analizar patrones de tráfico específicos. Por ejemplo, para capturar solo el tráfico proveniente o dirigido a una dirección IP específica:

```
sudo tcpdump -i eth0 host <direccion_ip>
```

PASO 4

Análisis de resultados

Examina los resultados de la captura para identificar patrones de tráfico, como protocolos utilizados, puertos más activos, direcciones IP frecuentes, etc. Esto puede ayudarte a identificar posibles anomalías en el tráfico de red.

3.2.4 Alertas y notificaciones

Las herramientas de monitoreo generan alertas y notificaciones cuando se detectan eventos anómalos o problemas en la red. Estas alertas pueden ser enviadas a través de correo electrónico, mensajes de texto u otros medios, y permiten a los administradores responder de manera rápida y adecuada.

3.2.4.1 GENERAR ALERTAS Y NOTIFICACIONES MEDIANTE NAGIOS

Para establecer alertas y notificaciones en el monitoreo de red en Linux, puedes utilizar la herramienta Nagios. Aquí tienes un ejemplo de cómo configurar alertas para detectar problemas en la disponibilidad de un servidor y recibir notificaciones por correo electrónico:

PASO 1

Instalación de Nagios

Asegúrate de tener Nagios instalado en tu sistema Linux. Puedes instalarlo utilizando los siguientes comandos:

```
sudo apt-get update
sudo apt-get install nagios4
```

PASO 2

Configuración de un servicio para monitorear

En el archivo de configuración **nagios.cfg** que se presentó en una sección anterior, define el servicio que deseas monitorear, como la disponibilidad de un servidor web. Por ejemplo:

```
define service {
    use                 generic-service
    host_name           webserver
    service_description HTTP
    check_command       check_http
}
```

PASO 3

Configuración de alertas

En el archivo de configuración **commands.cfg**, define cómo se realizará la verificación del servicio y cómo se enviarán las alertas:

```
define command {
    command_name check_http
    command_line /usr/lib/nagios/plugins/check_http -H
$HOSTADDRESS$ -w 5 -c 10
}
```

PASO 4

Configuración de notificaciones

En el archivo de configuración **contacts.cfg**, define la dirección de correo electrónico a la que se enviarán las notificaciones:

```
define contact {
    contact_name nagiosadmin
    use          generic-contact
    alias        Nagios Admin
    email        nagios@yourdomain.com
}
```

PASO 5

Definir grupo de contactos

En el archivo **nagios.cfg**, define un grupo de contactos para recibir notificaciones:

```
define contactgroup {
    contactgroup_name admins
    alias             Nagios Administrators
    members           nagiosadmin
}
```

PASO 6

Asociar grupo de contactos al servicio

Asocia el grupo de contactos al servicio monitoreado:

```
define service {
    use                 generic-service
    host_name           webserver
    service_description HTTP
    check_command       check_http
    contact_groups      admins
}
```

PASO 7

Reiniciar Nagios

Reinicia el servicio Nagios para aplicar las configuraciones:

```
sudo service nagios restart
```

Ahora, cuando el servicio monitoreado no esté disponible, Nagios generará una alerta y enviará una notificación al correo electrónico especificado en la configuración de contactos.

El monitoreo de red en Linux es una estrategia crítica para mantener la seguridad y el rendimiento de las redes LAN y WiFi. Al proporcionar una visión completa de la actividad de la red y detectar posibles amenazas en tiempo real, las organizaciones pueden tomar medidas proactivas para proteger sus activos y garantizar un entorno de red seguro y confiable.

3.3 REGISTRO DE EVENTOS

El registro de eventos implica la recopilación y el almacenamiento de información sobre eventos significativos en la red y los sistemas. En Linux, el sistema de registro está respaldado por el demonio **syslogd** y archivos de registro en la carpeta **/var/log/**. Estos archivos registran eventos como inicios de sesión, intentos fallidos de autenticación, cambios en configuraciones y otras actividades relevantes. El registro de eventos es esencial para el análisis forense y la auditoría de seguridad.

El registro de eventos, también conocido como registro de logs, es una práctica fundamental en la seguridad de redes LAN y WiFi en entornos Linux. Esta técnica implica la recopilación y el almacenamiento de registros detallados de todas las actividades y eventos que ocurren en la red, lo que proporciona una valiosa fuente de información para la detección de amenazas, el análisis forense y el cumplimiento normativo.

Syslogd gestiona la recopilación y el registro de mensajes del sistema y de las aplicaciones. Estos mensajes pueden incluir información sobre eventos, advertencias, errores y otros registros importantes. **Syslogd** juega un papel crucial en el monitoreo y la solución de problemas del sistema, ya que permite centralizar y almacenar registros para su análisis posterior.

3.3.1 Funcionamiento de Syslogd

▶ **Recopilación de mensajes**: Syslogd recopila mensajes de varias fuentes en el sistema, incluidos el kernel, servicios del sistema y aplicaciones.

▶ **Priorización y categorización**: cada mensaje recopilado se clasifica según su importancia en niveles de severidad, como **DEBUG**, **INFO**, **WARNING**, **ERROR** y **CRITICAL**. Además, se le asigna una instalación y una facilidad que indican su origen y categoría.

▶ **Destinos de registro**: los mensajes se envían a varios destinos, como archivos de registro en el sistema, consola del sistema, otros servidores **syslog** remotos y a través de notificaciones por correo electrónico.

▶ **Almacenamiento de registros**: los mensajes se almacenan en archivos de registro ubicados en el directorio **/var/log**. Cada archivo de registro corresponde a una instalación y una facilidad específica. Por ejemplo, /**var/log/messages** puede contener mensajes generales del sistema.

3.3.1.1 CONFIGURACIÓN Y DETALLES

Archivo de configuración: **Syslogd** utiliza el archivo de configuración /**etc/syslog.conf** o **/etc/rsyslog.conf** (en sistemas modernos) para definir la forma en que se manejarán los mensajes. Las líneas en este archivo especifican las reglas de registro, los destinos de registro y las acciones a realizar.

El archivo **/etc/syslog.conf** es utilizado por el demonio **syslogd** para configurar cómo se manejan y registran los mensajes del sistema y las aplicaciones. A continuación verás un ejemplo básico de un archivo **syslog.conf**:

```
# /etc/syslog.conf
# Archivo de configuración de syslogd

# Reglas para registrar mensajes
# Formato: facility.level    destino
# facility: kernel, auth, mail, user, ...
# level: emerg, alert, crit, err, warning, notice, info, debug

# Registrar todos los mensajes en /var/log/messages
*.*                     /var/log/messages

# Registrar los mensajes del kernel en /var/log/kern.log
kern.*                  /var/log/kern.log

# Registrar los mensajes de autenticación en /var/log/auth.log
auth.*                  /var/log/auth.log

# Registrar los mensajes de correo en /var/log/mail.log
mail.*                  /var/log/mail.log

# Registrar los mensajes del demonio cron en /var/log/cron.log
cron.*                  /var/log/cron.log

# Registrar los mensajes de usuario en /var/log/user.log
user.*                  /var/log/user.log
```

En este archivo de ejemplo se definen varias reglas de registro que especifican qué mensajes se registrarán y en qué archivos de registro se guardarán. La sintaxis de cada regla sigue el formato **facility.level destino**, donde **facility** es la categoría del mensaje (como **kernel, auth, mail, user**, etc.) y **level** es el nivel de severidad del mensaje (como **emerg, alert, crit**, etc.). El destino es el archivo de registro donde se guardarán los mensajes.

Las reglas marcadas con ***.*** registran todos los mensajes en **/var/log/messages**. Otras reglas se utilizan para categorizar y registrar mensajes específicos, como los mensajes del kernel, de autenticación, de correo, etc. Puedes personalizar estas reglas según tus necesidades y la configuración de tu sistema.

  ▶ **Facilidades**: las facilidades son categorías predefinidas que agrupan mensajes similares. Algunas facilidades comunes son **auth, cron, kernel, mail** y **local0** a **local7**. Cada facilidad se asocia con un archivo de registro determinado.

▼ **Niveles de severidad**: los niveles de severidad indican la gravedad de un mensaje. Van desde **DEBUG** (menos grave) hasta **EMERG** (más grave). Puedes filtrar mensajes por nivel de severidad en las configuraciones.

▼ **Reglas de registro**: las reglas en el archivo de configuración definen cómo se manejarán los mensajes. Puedes especificar qué mensajes se registrarán, dónde y cómo lo harán.

▼ **Destinos de registro**: los destinos determinan dónde se enviarán los mensajes. Pueden ser archivos de registro locales, consolas del sistema o incluso otros servidores **syslog** remotos.

▼ **Rotación de registros**: para evitar que los archivos de registro crezcan indefinidamente, se realiza la rotación de registros, que implica archivar o eliminar archivos antiguos y crear nuevos archivos de registro.

3.3.2 Tipos de registros

Registros de seguridad: registran eventos relacionados con intentos de autenticación, accesos no autorizados y otros incidentes de seguridad. A continuación te presentamos un ejemplo de cómo se puede configurar el registro de seguridad en Linux utilizando el archivo **/etc/syslog.conf**:

```
# /etc/syslog.conf
# Archivo de configuración de syslogd

# Reglas para registrar mensajes de seguridad
auth.*                    /var/log/auth.log
authpriv.*                /var/log/auth.log
```

En este caso, se están registrando mensajes de seguridad relacionados con la autenticación y el acceso. Los mensajes se registran en el archivo **/var/log/auth.log**. La primera regla **auth.*** registra los mensajes de autenticación, mientras que la segunda regla **authpriv.*** registra los mensajes de autenticación privada, que a menudo están relacionados con actividades de superusuario.

Esta configuración asegurará que los eventos de seguridad relevantes se registren en el archivo **/var/log/auth.log**, lo que facilita la supervisión y el seguimiento de posibles incidentes de seguridad en el sistema.

Registros de actividad de usuarios: registran actividades de usuarios en la red, como inicio de sesión, cambios de configuración y accesos a recursos. A continuación verás un ejemplo de cómo se puede configurar el registro de actividad de usuarios en Linux utilizando el archivo **/etc/syslog.conf**:

```
# /etc/syslog.conf
# Archivo de configuración de syslogd

# Reglas para registrar actividad de usuarios
user.*                      /var/log/user.log
```

Aquí se están registrando mensajes de actividad de usuarios. Los mensajes se registran en el archivo **/var/log/user.log**. La regla **user.*** registra todos los mensajes de actividad de usuarios.

Esta configuración permitirá mantener un registro de las acciones de los usuarios en el sistema, lo que puede ser útil para la auditoría y el seguimiento de la actividad. Puedes personalizar la configuración según tus necesidades específicas y ajustar qué niveles de mensajes de usuario deseas registrar.

Registros de sistema: registran eventos del sistema operativo y hardware, como fallos, reinicios y cambios en la configuración.

Ahora verás un ejemplo de cómo se puede configurar el registro de eventos del sistema en Linux utilizando el archivo **/etc/syslog.conf**:

```
# /etc/syslog.conf
# Archivo de configuración de syslogd

# Reglas para registrar eventos del sistema
*.info;mail.none;authpriv.none;cron.none        /var/log/messages
```

En este caso, se están registrando mensajes de nivel de información (***.info**) del sistema. Estos se registran en el archivo **/var/log/messages**. Las opciones **mail.none**, **authpriv.none** y **cron.none** indican que no se registrarán mensajes de correo electrónico, autenticación privilegiada y tareas cron.

Registros de tráfico de red: registran información sobre el tráfico de red, como conexiones entrantes y salientes, puertos utilizados y direcciones IP. Veamos un ejemplo para configurar el registro de tráfico de red en Linux utilizando **iptables** y el registro en el archivo **/var/log/iptables.log**:

PASO 1

Abre una terminal en Linux

Para habilitar el registro del tráfico de red, ejecuta el siguiente comando como usuario root o con privilegios de superusuario:

```
iptables -A INPUT -j LOG —log-prefix "IPTables-Dropped: " —log-level 4
```

Este comando agrega una regla a la cadena **INPUT** que registra el tráfico rechazado en el archivo de registro con el prefijo **IPTables-Dropped:**. El nivel de log 4 corresponde a un nivel de advertencia.

PASO 2

Asegúrate de que el servicio rsyslog esté habilitado

Puedes reiniciar el servicio con el siguiente comando:

```
sudo systemctl restart rsyslog
```

PASO 3

Verifica que los registros estén siendo capturados

La captura debe realizarse en el archivo **/var/log/iptables.log**. Puedes revisar el archivo con el comando:

```
cat /var/log/iptables.log
```

Este ejemplo capturará y registrará en el archivo **iptables.log** los eventos de tráfico de red que sean rechazados por las reglas **iptables**. Asegúrate de ajustar la configuración según tus necesidades y políticas de seguridad. A continuación verás un ejemplo de registro en el archivo **iptables.log** después de haber configurado **iptables** para registrar el tráfico de red rechazado:

```
Jun 29 15:30:45 hostname IPTables-Dropped: IN=eth0 OUT= MAC=00:11:22:33:44:55:6
6:77:88:99:aa:bb:cc SRC=192.168.1.10 DST=192.168.1.20 LEN=48 TOS=0x00 PREC=0x00
TTL=64 ID=12345 PROTO=TCP SPT=1234 DPT=80 WINDOW=65535 RES=0x00 SYN URGP=0
Jun 29 15:31:05 hostname IPTables-Dropped: IN=eth0 OUT= MAC=00:11:22:33:44:55
:66:77:88:99:aa:bb:cc SRC=10.0.0.5 DST=192.168.1.20 LEN=64 TOS=0x00 PREC=0x00
TTL=128 ID=54321 PROTO=ICMP TYPE=8 CODE=0 ID=8192 SEQ=1
```

En el ejemplo anterior puedes observar algunas entradas de registro generadas por **iptables**. Cada entrada muestra información relevante sobre el tráfico rechazado, como la fecha y hora, las direcciones IP de origen y destino, puertos, protocolos, y otros detalles. Ten en cuenta que los valores y campos específicos variarán según la configuración de tu red y las reglas de **iptables** que hayas establecido.

3.3.3 Herramientas de registro de eventos

rsyslog: se trata de un sistema de registro que permite recopilar, procesar y almacenar registros de múltiples fuentes.

A continuación verás un ejemplo simplificado de una entrada en un archivo de registro que podría ser gestionado por **rsyslog**:

```
Jun 29 15:30:45 hostname kernel: [12345.67890] Firewall: Packet dropped from
192.168.1.10 to 192.168.1.20
```

En este caso se muestra una entrada de registro generada por el kernel del sistema. La entrada incluye la fecha y la hora, el nombre del host, la fuente del mensaje (**kernel**), un sello de tiempo del kernel (en este caso **[12345.67890]**), y un mensaje que indica que un paquete fue descartado por el firewall desde la dirección IP **192.168.1.10** a **192.168.1.20**.

El formato exacto de las entradas de registro puede variar según la configuración de **rsyslog** y las fuentes de registro en el sistema. En este caso, la entrada muestra un evento relacionado con el kernel, pero **rsyslog** también puede manejar entradas de una variedad de otras fuentes, como aplicaciones, servicios y más.

journalctl: herramienta utilizada para acceder a los registros generados por el sistema **systemd**. Veamos un ejemplo detallado de una configuración básica del archivo de configuración de **journalctl**, que se encuentra en **/etc/systemd/journald. conf**:

```
[Journal]
Storage=auto
Compress=yes
SystemMaxUse=100M
SystemKeepFree=50M
SystemMaxFileSize=10M
ForwardToSyslog=yes
```

En este ejemplo, las opciones clave en la sección **[Journal]** son:

▸ **Storage=auto**: determina cómo se almacenan los registros. En este caso, se utilizará almacenamiento automático.

▸ **Compress=yes**: habilita la compresión de registros para ahorrar espacio.

▸ **SystemMaxUse=100M**: limita el espacio utilizado por los registros del sistema a 100 megabytes.

- **SystemKeepFree=50M**: mantiene al menos 50 megabytes de espacio libre para el sistema.

- **SystemMaxFileSize=10M**: establece el tamaño máximo de archivo individual para los registros del sistema en 10 megabytes.

- **ForwardToSyslog=yes**: reenvía los registros al sistema de registro **syslog**.

logrotate: se trata de una utilidad que administra la rotación y compresión de archivos de registro para evitar que ocupen demasiado espacio en disco. Veamos un ejemplo de un archivo de configuración básico para **logrotate**, que generalmente se encuentra en **/etc/logrotate.conf** o en un archivo específico en el directorio **/etc/logrotate.d/**:

```
# Archivo de configuración de logrotate

# Incluir la configuración por defecto
include /etc/logrotate.d

# Configuración global
rotate 4
daily
compress
delaycompress
missingok
notifempty
create 0644 root root
```

En este ejemplo puedes ver algunas opciones clave:

- **rotate 4**: conserva hasta 4 versiones anteriores de los archivos de registro.

- **daily**: realiza la rotación de registros diariamente.

- **compress**: comprime los archivos de registro antiguos después de la rotación.

- **delaycompress**: demora la compresión hasta la próxima rotación.

- **missingok**: no muestra errores si faltan archivos de registro.

- **notifempty**: no realiza rotación si el archivo de registro está vacío.

- **create 0644 root root**: crea nuevos archivos de registro con permisos 0644 y propiedad de root.

3.3.4 Formato de registros

Los registros de eventos generalmente incluyen información detallada como la marca de tiempo, el origen del evento, la descripción del evento y, en algunos casos, información contextual adicional. Estos registros pueden ser almacenados en archivos de texto plano o en bases de datos.

A continuación verás un ejemplo de un archivo de registro de eventos **/var/log/syslog**:

```
Jun 28 10:15:12 miPC kernel: [ 123.456789] eth0: link up, 100Mbps, full-duplex,
lpa 0x05E1
Jun 28 10:20:35 miPC sshd[987]: Accepted password for usuario from 192.168.1.10
port 52345 ssh2
Jun 28 10:30:42 miPC sudo: usuario : TTY=pts/0 ; PWD=/home/usuario ; USER=root ;
COMMAND=/usr/bin/apt update
Jun 28 11:05:19 miPC kernel: [ 789.123456] Out of memory: Kill process 5432
(myapp) score 123 or sacrifice child
Jun 28 11:10:55 miPC systemd[1]: Started Daily system maintenance tasks.
Jun 28 11:20:02 miPC crontab[2210]: (usuario) BEGIN EDIT (usuario)
Jun 28 11:30:15 miPC apache2: [error] [client 192.168.1.20] File does not exist:
/var/www/html/mypage
Jun 28 12:00:00 miPC kernel: [1432.789012] CPU3: Core temperature above thres-
hold, cpu clock throttled
```

En el archivo mostrado, cada línea muestra un evento registrado en el archivo de registro.

El primer campo es la marca de tiempo en formato "Mes Día Hora:Minuto:Segundo".

El segundo campo puede ser el nombre de la máquina o el nombre del programa que generó el evento.

El tercer campo puede ser un identificador de proceso o programa.

Finalmente, el cuarto campo es el mensaje o detalles del evento.

3.4 ACTIVIDADES

A continuación se presentan las preguntas y los ejercicios que deberías saber responder y resolver para considerar aprendido el capítulo.

3.4.1 Test de autoevaluación

1. *¿Cuál es el propósito del monitoreo de red en entornos Linux?*

2. *Menciona al menos dos herramientas utilizadas para el monitoreo de redes en Linux.*

3. *¿Cómo se realiza la captura y el análisis de paquetes de red usando Wireshark en Linux?*

4. *¿Cuál es la función de Nagios en la seguridad de redes y cómo se configura su monitoreo?*

5. *Explica el concepto de registros de eventos y su importancia en la seguridad de redes.*

6. *¿Cuál es el propósito del archivo /etc/syslog.conf en Linux?*

7. *¿Cómo se puede verificar el registro de actividad de usuarios en Linux?*

8. *Menciona dos ejemplos de información que podría encontrarse en el archivo de registro /var/log/auth.log.*

9. *¿Cuál es la función del archivo de registro /var/log/iptables.log en Linux y qué tipo de información podría contener?*

3.4.2 Ejercicios prácticos

1. *Monitoreo con Wireshark. Configura Wireshark en tu sistema Linux y captura paquetes de una red local. Analiza la información capturada para identificar los tipos de paquetes, direcciones IP y puertos utilizados.*

2. *Configuración de Nagios. Instala Nagios en tu sistema y configura un servicio de monitoreo para un host en tu red local. Asegúrate de que Nagios te notifique por correo electrónico cuando el estado del host cambie.*

3. *Configuración de registros de eventos. Modifica el archivo /etc/rsyslog.conf para configurar un nuevo destino de registro. Luego, crea una regla para redirigir eventos de autenticación al nuevo archivo de registro. Verifica que los eventos sean registrados adecuadamente.*

4. *Generación de métricas de red. Utiliza la herramienta **ping** para medir la latencia entre dos dispositivos en tu red local. Luego, emplea **traceroute** para analizar la ruta de los paquetes y calcular el tiempo de respuesta en cada salto.*

5. *Configuración de iptables y registros. Configura iptables para bloquear el acceso a un puerto específico en un host de tu red. Luego, observa los registros en **/var/log/iptables.log** para verificar si se registran intentos de acceso bloqueados.*

GLOSARIO

▶ **ARP (Address Resolution Protocol)**: protocolo utilizado para mapear direcciones IP a direcciones MAC en una red local.

▶ **ARP Spoofing**: ataque en el que se manipulan las tablas de resolución de direcciones ARP para redirigir el tráfico de red a través de la propia máquina del atacante, lo que puede llevar a ataques de intermediario.

▶ **Capa de enlace**: también llamada capa 2, del modelo OSI, se encarga de la comunicación entre dispositivos directamente conectados en una red.

▶ **Capa de transporte**: se refiere a la cuarta capa en el modelo OSI, la que se encarga de entregar datos de extremo a extremo, para asegurar la integridad y confiabilidad del flujo de información.

▶ **Control de paquetes**: sistema de filtrado y control de paquetes en Linux que permite configurar reglas para el tráfico de red, incluyendo la posibilidad de filtrar paquetes, redirigir puertos y aplicar NAT (traducción de direcciones de red).

▶ **Filtrado de red**: sistema de seguridad que controla el tráfico de red, permitiendo o bloqueando el flujo de datos según reglas predefinidas, con el objetivo de proteger la red y los sistemas contra amenazas externas.

▶ **Firewall**: barrera de seguridad que se utiliza para controlar el tráfico de red, al permitir o bloquear conexiones en función de reglas predefinidas.

▶ **iptables**: herramienta de filtrado de paquetes en Linux que permite configurar reglas para controlar el tráfico de red en diferentes capas.

▶ **Monitoreo de red**: proceso de supervisar y analizar el tráfico y el comportamiento de la red para identificar problemas, optimizar el rendimiento y detectar posibles amenazas de seguridad.

▼ **Protección de la capa de aplicación**: se refiere a las medidas de seguridad implementadas en la capa de aplicación para prevenir ataques como Cross-Site Scripting (XSS) y SQL Injection.

▼ **Registro de eventos**: proceso de recopilar y almacenar registros o registros de actividad que ocurren en sistemas y aplicaciones. Estos registros son útiles para el análisis de problemas, la seguridad y el seguimiento de eventos.

▼ **Wireshark:** herramienta para el análisis de protocolos de red que permite capturar y analizar paquetes de datos en tiempo real. Es ampliamente utilizada para diagnosticar problemas de red y comprender el tráfico en una red local o en línea.

Parte 2

Manejo de puertos
Pentesting en redes locales
Auditorías wireless

4

MANEJO DE PUERTOS

En este capítulo, exploraremos los conceptos fundamentales del manejo de puertos en sistemas Linux. Desde la identificación y administración de puertos abiertos, hasta el uso de herramientas de consola para analizar y gestionar los puertos, aprenderás cómo mantener tu sistema seguro y protegido contra amenazas externas.

4.1 CONCEPTOS BÁSICOS

La seguridad en sistemas Linux se destaca por su enfoque proactivo y reactivo para mitigar riesgos y proteger los sistemas contra amenazas tanto internas como externas. En comparación con otros sistemas operativos, como Windows, Linux se caracteriza por su arquitectura de código abierto, lo que permite una mayor transparencia y colaboración en el desarrollo de parches de seguridad y actualizaciones. Además, tiene una comunidad activa de usuarios y desarrolladores que contribuyen constantemente a mejorar la seguridad del sistema.

Una de las principales medidas de seguridad en sistemas Linux es la configuración adecuada del cortafuegos. Este actúa como una barrera entre la red interna y externa, filtrando el tráfico de red entrante y saliente según las reglas predefinidas. Mediante el uso de herramientas como **iptables** o **firewalld**, los administradores pueden especificar qué tipos de tráfico están permitidos y qué puertos están abiertos para la comunicación.

```
behackerpro@thebesthostever:~$ sudo apt-get install iptables-persistent
Reading package lists... Done
Building dependency tree... Done
Reading state information... Done
The following NEW packages will be installed:
  iptables-persistent
0 upgraded, 1 newly installed, 0 to remove and 33 not upgraded.
Need to get 6508 B of archives.
After this operation, 48.1 kB of additional disk space will be used.
Get:1 http://pa.archive.ubuntu.com/ubuntu impish/universe amd64 iptables-persistent all 1.0.15 [6508 B]
Fetched 6508 B in 0s (19.9 kB/s)
Preconfiguring packages ...
Selecting previously unselected package iptables-persistent.
(Reading database ... 70930 files and directories currently installed.)
Preparing to unpack .../iptables-persistent_1.0.15_all.deb ...
Unpacking iptables-persistent (1.0.15) ...
Setting up iptables-persistent (1.0.15) ...
update-alternatives: using /lib/systemd/system/netfilter-persistent.service to provide /lib/systemd/system/iptables.service
ables.service) in auto mode
Scanning processes...
Scanning linux images...

Running kernel seems to be up-to-date.

No services need to be restarted.

No containers need to be restarted.

No user sessions are running outdated binaries.
behackerpro@thebesthostever:~$
```

Figura 4.1. Iptables es una herramienta esencial en Linux, diseñada para gestionar y filtrar el tráfico de red a través de reglas definidas.

Otro aspecto crucial de la seguridad en sistemas Linux es la implementación de **políticas de acceso y autenticación** robustas. Esto incluye la gestión de usuarios y grupos, el uso de contraseñas seguras, y la configuración de permisos de archivos y directorios de manera adecuada. Mediante el empleo de herramientas como **sudo** y **SELinux** (Security-Enhanced Linux), los administradores pueden controlar el acceso de los usuarios y restringir los privilegios en función de roles y responsabilidades.

Además, la aplicación regular de actualizaciones de seguridad es fundamental para mitigar vulnerabilidades conocidas y proteger el sistema contra exploits y ataques. Las distribuciones Linux suelen ofrecer mecanismos de actualización automáticos o herramientas de gestión de paquetes que facilitan la instalación de parches y actualizaciones de seguridad de manera oportuna.

Para enfrentar la seguridad de Linux de manera efectiva, es fundamental adoptar un enfoque proactivo y seguir algunas recomendaciones generales que son comunes a cualquier sistema operativo:

> ⊳ **Mantener el sistema actualizado**: el sistema Linux debe tener las últimas actualizaciones de seguridad y parches. Esto ayudará a mitigar vulnerabilidades conocidas y protegerá el sistema contra exploits y ataques.

▼ **Utilizar contraseñas seguras**: aplica contraseñas robustas y únicas para todas las cuentas de usuario y servicios en el sistema. Las contraseñas deben ser largas, complejas y difíciles de adivinar, y se recomienda el uso de herramientas de gestión para facilitar su administración.

▼ **Limitar los privilegios de usuario**: los privilegios de usuario deben estar limitados solo a lo que sea necesario para realizar tareas específicas. Utiliza cuentas de usuario con privilegios mínimos para las operaciones diarias y reserva el acceso de root o administrador solo para tareas administrativas que lo requieran.

▼ **Configurar un cortafuegos**: habilita un cortafuegos para filtrar el tráfico de red entrante y saliente. Define reglas específicas para permitir o denegar el acceso a determinados puertos y servicios, y asegúrate de revisar regularmente las configuraciones correspondientes para mantenerlas actualizadas.

▼ **Utilizar herramientas de monitoreo y registro**: implementa esta clase de herramientas para realizar un seguimiento de la actividad del sistema y detectar posibles intrusiones o comportamientos anómalos. Revisa regularmente los registros de eventos para identificar y responder con rapidez a posibles amenazas de seguridad.

▼ **Proteger los servicios de red**: configura los servicios de red de manera segura, deshabilitando aquellos que no sean necesarios y asegurando los que estén en uso con configuraciones adecuadas de autenticación y cifrado. Utiliza protocolos seguros, como SSH en vez de Telnet, y considera el uso de VPN para conexiones remotas.

▼ **Realizar copias de seguridad periódicas**: realiza copias de seguridad regulares de tus datos y configuraciones del sistema para poder restaurarlo en caso de que se produzca una brecha de seguridad o un fallo. Almacena dichas copias en ubicaciones seguras y fuera del sitio para protegerlas contra pérdidas catastróficas.

Siguiendo estas recomendaciones generales iniciales, ya estamos en condiciones de profundizar en medidas de seguridad más avanzadas, por ejemplo, la gestión de puertos.

4.1.1 ¿Qué son los puertos?

En el contexto de la informática y las redes, los **puertos** son puntos de conexión específicos que permiten la comunicación entre dispositivos a través de una red. En sistemas operativos como Linux, se los utiliza para permitir que los servicios y las aplicaciones se comuniquen entre sí y con otros dispositivos en una red.

Cada puerto está asociado a un número único, conocido como **número de puerto**, que identifica de manera exclusiva un servicio o aplicación determinada en un dispositivo. Los números de puerto van desde 0 hasta 65535 y se dividen en tres rangos.

Figura 4.2. La forma más confiable para revisar los puertos que están escuchando en la red es mediante el uso de un escáner tal como nmap.

4.1.1.1 PUERTOS BIEN CONOCIDOS (0-1023)

También se los conoce como puertos reservados, y van del 0 al 1023. Están asignados por la Internet Assigned Numbers Authority (IANA) a servicios específicos, como el 80 para HTTP, el 443 para HTTPS y el 22 para SSH. Están estandarizados en sistemas operativos y aplicaciones de red. A continuación, verás algunos ejemplos de estos puertos:

Puerto	Servicio	Protocolo	Descripción
21	FTP	TCP	Protocolo de transferencia de archivos. Permite la transferencia de archivos entre sistemas conectados a una red TCP/IP.
22	SSH	TCP	Protocolo seguro de acceso remoto. Proporciona un canal seguro a través del cual se puede acceder y controlar un sistema de manera remota.
25	SMTP	TCP	Protocolo de transferencia de correo electrónico. Utilizado para el envío de correo entre servidores.
53	DNS	TCP/UDP	Sistema de nombres de dominio. Se emplea para traducir nombres de dominio legibles por humanos en direcciones IP numéricas.
80	HTTP	TCP	Protocolo de transferencia de hipertexto. Se usa para la transmisión de datos en la World Wide Web.
110	POP3	TCP	Protocolo de oficina de correos 3. Utilizado por clientes de correo electrónico para recuperar mensajes de un servidor de correo.
143	IMAP	TCP	Protocolo de acceso a mensajes de Internet. Permite a los usuarios acceder a sus correos electrónicos almacenados en un servidor de correo.
443	HTTPS	TCP	Protocolo seguro de transferencia de hipertexto. Utilizado para la comunicación segura a través de la World Wide Web.
3389	RDP	TCP/UDP	Protocolo de escritorio remoto. Permite a los usuarios conectarse y controlar de manera remota un equipo a través de una red.
20, 21	FTP	TCP	Protocolo de transferencia de archivos (datos y control). Utilizado para transferir archivos entre sistemas conectados a una red TCP/IP.

4.1.1.2 PUERTOS REGISTRADOS (1024-49151)

Están asignados a servicios y aplicaciones específicas por la Internet Assigned Numbers Authority (IANA). Algunos ejemplos incluyen el puerto 3306 para MySQL y el 5432 para PostgreSQL. Veamos algunos otros ejemplos:

Puerto	Protocolo	Descripción
1433	TCP	MSSQL–Servidor de base de datos Microsoft SQL Server
3306	TCP	MySQL–Servidor de base de datos MySQL
5432	TCP	PostgreSQL–Servidor de base de datos PostgreSQL
5900	TCP	VNC–Protocolo de control remoto de computadoras
8080	TCP	HTTP alternativo–Puerto alternativo para servidores web HTTP
8443	TCP	HTTPS alternativo–Puerto alternativo para servidores web HTTPS
9090	TCP	Apache Tomcat–Puerto predeterminado para el servidor web Apache Tomcat
1521	TCP	Oracle SQLNet–Puerto predeterminado para la base de datos Oracle SQLNet
389	TCP	LDAP–Protocolo de directorio ligero utilizado para la gestión centralizada de identidades
5222	TCP	XMPP–Protocolo de mensajería instantánea y presencia extendida

4.1.1.3 PUERTOS DINÁMICOS O PRIVADOS (49152-65535)

Estos puertos están disponibles para ser utilizados por aplicaciones y servicios de manera dinámica. Se emplean, principalmente, para establecer conexiones salientes y temporales. Veamos algunos ejemplos:

Puerto	Descripción
49152-49157	Puertos dinámicos utilizados por el sistema operativo para conexiones salientes
49158	Servicio Oracle Secure Backup
49159	Servicio Couplink GPRS
49160	Servicio de protocolo SNMP
49161	Servicio de control de acceso a red de Microsoft
49162-49166	Puertos de backdoor utilizados por algunos troyanos

Los puertos se clasifican en dos tipos principales: **TCP** (Transmission Control Protocol) y **UDP** (User Datagram Protocol). TCP es un protocolo de comunicación orientado a la conexión que garantiza la entrega de datos de manera ordenada y confiable, mientras que UDP es un protocolo sin conexión que ofrece una comunicación más rápida pero menos confiable.

En Linux, los puertos pueden ser utilizados por servicios y aplicaciones para escuchar conexiones entrantes o para establecer conexiones salientes. Por ejemplo, un servidor web como Apache escucha las solicitudes de los clientes en el puerto 80, mientras que un servidor SSH escucha las conexiones entrantes en el puerto 22.

Es importante comprender los conceptos de puertos y sus números asociados para administrar la seguridad y el acceso en un sistema Linux. Esto incluye la configuración de reglas de **firewall** para controlar el tráfico de red entrante y saliente, así como la identificación y resolución de problemas relacionados con la conectividad de red y los servicios del sistema.

4.1.1.4 UN EJEMPLO DE FUNCIONAMIENTO

Un puerto en un sistema informático es una entidad virtual que permite que múltiples aplicaciones o servicios se comuniquen entre sí a través de una red. Para comprender su funcionamiento, consideremos un ejemplo específico: el puerto 80, que se utiliza comúnmente para el tráfico HTTP en la Web.

El puerto 80 es un puerto bien conocido que está reservado para el **protocolo HTTP** (Hypertext Transfer Protocol), el utilizado para transferir páginas web y otros recursos en la World Wide Web. Cuando un usuario intenta acceder a un sitio web en su navegador, como por ejemplo, **www.ejemplo.com**, el navegador establece una conexión con el servidor web del sitio utilizando el protocolo HTTP a través del puerto 80.

El proceso de comunicación comienza cuando el navegador envía una solicitud HTTP al servidor web. Esta solicitud está formada por varios componentes, incluyendo el método de solicitud (GET, POST, etc.), la URL del recurso solicitado (**www.ejemplo.com/pagina.html**) y otras cabeceras que pueden proporcionar información adicional al servidor.

La solicitud HTTP se manda desde el navegador al servidor a través de una **conexión TCP/IP** (Transmission Control Protocol/Internet Protocol). TCP es un protocolo orientado a la conexión que garantiza la entrega confiable de los datos, mientras que IP es el protocolo que se utiliza para enrutar los datos a través de la red.

El servidor web recibe la solicitud y la procesa. Busca el recurso pedido en su sistema de archivos o base de datos y genera la respuesta HTTP correspondiente. Esta incluye un código de estado (por ejemplo, 200 OK si la solicitud fue exitosa), cabeceras adicionales (como Content-Type para especificar el tipo de contenido) y el contenido real del recurso solicitado.

Una vez que la respuesta HTTP se ha generado, se envía de regreso al navegador a través de la misma conexión TCP/IP. El navegador recibe la respuesta y la interpreta, y muestra el contenido de la página web al usuario. Si la respuesta incluye archivos adicionales, como imágenes, hojas de estilo o scripts, el navegador puede enviar solicitudes adicionales al servidor para obtener estos recursos.

La siguiente tabla resume los pasos involucrados en la comunicación a través del puerto 80 en el contexto del protocolo HTTP.

Paso	Descripción
Cliente (navegador web)	• Envía una solicitud HTTP al servidor web para solicitar un recurso. • La solicitud incluye la dirección del servidor (URL) y el método de solicitud HTTP (GET, POST, etc.).
Red	• La solicitud HTTP viaja a través de la red, utilizando el protocolo TCP/IP para la comunicación entre el cliente y el servidor.
Servidor Web	• Recibe la solicitud HTTP en el puerto 80. • Analiza la solicitud para determinar qué recurso se solicita y cómo debe responder. • Busca el recurso solicitado.
Procesamiento y generación de respuesta	• Genera una respuesta HTTP que incluye un código de estado, cabeceras y el contenido del recurso. • Puede ejecutar scripts o consultar una BD.
Red	• La respuesta HTTP viaja de regreso a través de la red al cliente, utilizando el protocolo TCP/IP.
Cliente (navegador web)	• Recibe la respuesta HTTP y la interpreta. • Si es necesario, envía solicitudes adicionales al servidor para obtener otros recursos.

Es importante destacar que el puerto 80 es solo un ejemplo de un puerto utilizado para un servicio específico (HTTP). Hay muchos otros puertos reservados para otros servicios comunes, como el 443 para **HTTPS** (HTTP seguro), el 25 para **SMTP** (Simple Mail Transfer Protocol) y el 22 para **SSH** (Secure Shell). Cada uno de ellos desempeña un papel importante en la comunicación de red y la transferencia de datos en Internet.

4.1.2 Tipos de puertos: TCP vs. UDP

En el contexto de la comunicación de red, los puertos TCP (Protocolo de Control de Transmisión) y UDP (Protocolo de Datagrama de Usuario) son dos protocolos fundamentales que operan en la capa de transporte del modelo OSI. Cada uno tiene características específicas que los hacen adecuados para diferentes aplicaciones y escenarios de red. A continuación, se detallan las diferencias entre estos dos tipos de puertos.

4.1.2.1 PUERTOS TCP

El **Protocolo de Control de Transmisión** (TCP) es un protocolo orientado a la conexión, confiable, que se utiliza para la transmisión de datos en redes. Algunas de sus características clave son:

- ▶ **Conexión orientada**: TCP establece una conexión bidireccional entre el cliente y el servidor antes de la transferencia de datos. Esto garantiza la entrega ordenada y confiable de la información.

- ▶ **Control de flujo**: TCP utiliza un mecanismo de control de flujo para regular la velocidad de transmisión de datos entre el emisor y el receptor. Esto ayuda a evitar la congestión de la red y garantiza una transferencia de datos eficiente.

- ▶ **Reconocimiento de recepción**: TCP emplea un mecanismo de reconocimiento de recepción para confirmar la entrega de datos. Si un paquete no se recibe correctamente, se solicitará su retransmisión.

- ▶ **Seguridad**: TCP ofrece mecanismos de seguridad integrados, como el cifrado SSL/TLS, que puede usarse para proteger la comunicación entre el cliente y el servidor.

Los puertos TCP son adecuados para aplicaciones que requieren una transmisión confiable de datos, como la transferencia de archivos, el correo electrónico y la navegación web.

4.1.2.2 PUERTOS UDP

El **Protocolo de Datagrama de Usuario** (UDP) es un protocolo sin conexión y no confiable que se utiliza para la transmisión de datos en redes. Algunas de sus características clave son:

- ▶ **Sin conexión**: UDP no establece una conexión antes de la transmisión de datos. Cada datagrama se envía de forma independiente, lo que puede resultar en una entrega desordenada o pérdida de datos.

- ▶ **No confiable**: UDP no proporciona mecanismos integrados para garantizar la entrega de datos o la detección de errores. Esto significa que no hay garantía de que los datos lleguen correctamente al destino.

- ▶ **Bajo overhead**: UDP tiene un overhead de protocolo más bajo en comparación con TCP, lo que lo hace adecuado para aplicaciones que requieren una transmisión de datos rápida y eficiente, como la transmisión de video en tiempo real y la transmisión de voz sobre IP (VoIP).

▶ **Transmisión unidireccional**: UDP es adecuado para aplicaciones de transmisión unidireccional, donde la pérdida ocasional de datos no afecta significativamente la calidad de la transmisión.

Los puertos UDP son apropiados para aplicaciones donde la velocidad y la eficiencia son más importantes que la confiabilidad, como juegos en línea, streaming de medios y comunicaciones en tiempo real.

En resumen, los puertos son ideales para aplicaciones que requieren una transmisión confiable de datos, mientras que los UDP son más indicados para aplicaciones que priorizan la velocidad y la eficiencia sobre la confiabilidad. La elección entre TCP y UDP dependerá de los requisitos de cada aplicación y del contexto de la red en el que se los utilice.

4.2 IDENTIFICACIÓN DE PUERTOS ABIERTOS

En esta sección, nos adentraremos en la identificación de puertos abiertos en sistemas Linux, un aspecto fundamental para comprender la seguridad y la conectividad de una red. La capacidad para identificar y gestionar los puertos abiertos es esencial para proteger los sistemas contra amenazas externas y garantizar un entorno de red seguro y estable.

Antes de sumergirnos en los detalles técnicos, es importante repasar algunos conceptos clave. En el contexto de la comunicación de red, un puerto es un punto final único que se utiliza para la comunicación entre aplicaciones y dispositivos en una red.

Cada servicio o aplicación en un sistema operativo Linux utiliza un puerto específico para recibir y enviar datos.

El uso de la **consola de comandos** en sistemas Linux es una habilidad crítica para administradores de sistemas y profesionales de seguridad, ya que proporciona un nivel de control y flexibilidad sin igual en comparación con las interfaces gráficas de usuario. A través de la consola, los usuarios pueden ejecutar una amplia gama de comandos y herramientas especializadas para realizar tareas de administración, diagnóstico y configuración del sistema de manera eficiente.

La consola de comandos, también conocida como **terminal** o **shell**, permite a los usuarios interactuar directamente con el núcleo del sistema operativo a través de líneas de texto. Esto proporciona un mayor nivel de control sobre el sistema y permite realizar tareas avanzadas que pueden no ser accesibles a través de interfaces gráficas.

Una de las ventajas clave de la consola de comandos es su capacidad para **automatizar tareas** a través de **scripts y secuencias de comandos**. Esto permite a los administradores de sistemas realizar tareas repetitivas de manera eficiente y consistente, lo que ahorra tiempo y reduce la posibilidad de errores humanos.

Entre las herramientas y comandos especializados disponibles en la consola de comandos de Linux hay herramientas de redes como **netstat**, **nmap** y **ss**, que permiten realizar tareas de monitoreo y diagnóstico de la red. También existen comandos para administrar usuarios y permisos, gestionar servicios y procesos, realizar copias de seguridad y restauraciones, entre otros.

A continuación, exploraremos en detalle cómo utilizar estas herramientas para identificar puertos abiertos, comprender su estado y determinar qué servicios están escuchando en esos puertos. Con este conocimiento, podrás fortalecer la seguridad de tu sistema y garantizar una conectividad de red óptima y segura.

4.2.1 Herramientas de consola para el escaneo de puertos

En la administración y seguridad de sistemas Linux, el escaneo de puertos es una tarea fundamental para identificar los servicios en ejecución y detectar posibles vulnerabilidades. Para llevar a cabo esta tarea, existen diversas herramientas de consola altamente especializadas que proporcionan a los administradores de sistemas una amplia gama de opciones para analizar y evaluar la seguridad de sus sistemas. En esta sección, exploraremos algunas de las herramientas de consola más comúnmente utilizadas para el escaneo de puertos en sistemas Linux, destacando sus características principales, opciones de uso y ejemplos prácticos.

4.2.1.1 NMAP

Nmap es una de las herramientas más populares y potentes para el escaneo de puertos y el descubrimiento de dispositivos en una red. Ofrece una amplia gama de características y opciones avanzadas que permiten a los usuarios realizar escaneos detallados y exhaustivos de puertos en sistemas remotos. Para escanear todos los puertos en una máquina remota, podemos usar el siguiente comando:

```
nmap <host>
```

Por ejemplo, para escanear todos los puertos en la dirección IP 192.168.1.100, ejecutaríamos el siguiente comando:

```
nmap 192.168.1.100
```

Esto mostrará una lista de todos los puertos abiertos y los servicios en ejecución en la máquina remota.

4.2.1.2 NETCAT (NC)

Netcat es una herramienta versátil que se utiliza para leer y escribir datos a través de conexiones de red utilizando el protocolo TCP o UDP. Además de sus capacidades básicas de transferencia de datos, **Netcat** también se puede utilizar para escanear puertos en un sistema remoto. Para escanear un rango de puertos en una máquina remota, podemos usar el siguiente comando:

```
nc -zv <host> <puerto_inicio>-<puerto_fin>
```

Por ejemplo, para escanear los puertos del 1 al 100 en la dirección IP 192.168.1.100, ejecutaríamos el siguiente comando:

```
nc -zv 192.168.1.100 1-100
```

Esto generará una lista de puertos abiertos en la máquina remota.

4.2.1.3 HPING3

Hping3 es una herramienta de línea de comandos que se usa para generar paquetes TCP/IP y enviarlos a través de la red. Además de sus capacidades básicas de envío de paquetes, **Hping3** también se puede utilizar para escanear puertos en una máquina remota. Para realizar un escaneo de puertos SYN en una máquina remota, podemos usar el siguiente comando:

```
hping3 -S <host> -p <puerto>
```

Por ejemplo, para realizar un escaneo de puertos SYN en el puerto 80 en la dirección IP 192.168.1.100, ejecutaríamos el siguiente comando:

```
hping3 -S 192.168.1.100 -p 80
```

Esto generará un informe que indicará si el puerto está abierto, cerrado o filtrado.

4.2.1.4 MASSCAN

Masscan es una herramienta de escaneo de puertos de alta velocidad que utiliza técnicas de barrido paralelo para escanear grandes rangos de direcciones IP y puertos en poco tiempo. Es especialmente útil para realizar escaneos rápidos en redes de gran tamaño. Para escanear todos los puertos en una máquina remota, se puede usar el siguiente comando:

```
masscan <host> -p1-65535
```

Por ejemplo, para escanear todos los puertos en la dirección IP 192.168.1.100, ejecutaríamos este comando:

```
masscan 192.168.1.100 -p1-65535
```

Esto generará un informe detallado de los puertos abiertos en la máquina remota.

4.2.1.5 SS

Ss es una herramienta de línea de comandos que se utiliza para mostrar estadísticas de socket. Además de su funcionalidad básica, Ss también puede usarse para mostrar información sobre los puertos en escucha en un sistema Linux. Para listar los puertos en escucha en una máquina local, se puede utilizar el siguiente comando:

```
ss -ltn
```

Esto mostrará una lista de los puertos TCP en escucha en el sistema local, junto con el estado y la dirección IP asociada.

4.2.1.6 UNICORNSCAN

Unicornscan es una herramienta de escaneo de puertos de red que utiliza técnicas avanzadas para realizar escaneos rápidos y eficientes. Ofrece características como escaneo de puertos TCP y UDP, detección de servicios y detección de sistemas operativos. Para escanear un rango de puertos en una máquina remota, se puede aplicar el siguiente comando:

```
unicornscan <host>:<puerto_inicio>-<puerto_fin>
```

Por ejemplo, para escanear los puertos del 1 al 100 en la dirección IP 192.168.1.100, hay que ejecutar el siguiente comando:

```
unicornscan 192.168.1.100:1-100
```

Esto proporcionará información detallada sobre los puertos abiertos en la máquina remota.

4.2.2 Ejemplo práctico de escaneo de puertos con nmap y análisis de resultados

Veamos un ejemplo práctico básico de identificación de puertos abiertos y análisis de resultados. Este ejemplo proporciona una visión más detallada del proceso de identificación de puertos abiertos y el análisis de los resultados utilizando la herramienta **nmap** en una máquina remota. Es importante tener en cuenta que este proceso puede variar según las necesidades y el entorno específico, y es fundamental contar con un entendimiento sólido de los conceptos de seguridad de red y las herramientas disponibles para llevar a cabo esta tarea de manera efectiva.

4.2.2.1 IDENTIFICACIÓN DE PUERTOS ABIERTOS

Utilizaremos la herramienta **nmap** para realizar un escaneo de puertos en una máquina remota. Esta herramienta es una de las más populares y potentes para el escaneo de puertos y la detección de servicios en una red. Supongamos que queremos escanear la dirección IP 192.168.1.100 para identificar los puertos abiertos. Ejecutamos el siguiente comando en la terminal:

```
nmap 192.168.1.100
```

Este comando realizará un escaneo de los 1000 puertos más comunes en la máquina remota y mostrará información detallada sobre los puertos abiertos, los servicios que están escuchando en esos puertos y otra información relevante.

4.2.2.2 ANÁLISIS DE RESULTADOS

Después de ejecutar el comando **nmap**, obtendremos un resultado que se verá de esta manera:

```
Starting Nmap 7.80 ( https://nmap.org ) at 2023-10-29 12:00 UTC
Nmap scan report for 192.168.1.100
Host is up (0.0020s latency).
Not shown: 998 closed ports
PORT      STATE SERVICE
22/tcp    open  ssh
80/tcp    open  http
443/tcp   open  https
3306/tcp  open  mysql
```

Este resultado indica que la máquina remota tiene los siguientes puertos abiertos:

- ▶ El puerto 22 (SSH), lo que significa que el servidor SSH está en funcionamiento y aceptando conexiones.

- ▶ El puerto 80 (HTTP), lo que indica que hay un servidor web HTTP activo y accesible.

- ▶ El puerto 443 (HTTPS), lo que sugiere que hay un servidor web HTTPS en funcionamiento, probablemente para conexiones seguras.

- ▶ El puerto 3306 (MySQL), lo que indica que hay un servidor MySQL en funcionamiento y aceptando conexiones de red.

4.2.2.3 ANÁLISIS ADICIONAL

Basándonos en estos resultados, podemos realizar un análisis adicional para determinar el nivel de riesgo y las posibles vulnerabilidades de seguridad en la máquina remota. Podríamos querer investigar más a fondo cada servicio identificado para asegurarnos de que estén correctamente configurados y actualizados. También podríamos considerar tomar medidas adicionales, como el bloqueo de puertos no utilizados o la implementación de medidas de seguridad adicionales en los servicios expuestos.

4.2.3 Ejemplo práctico de escaneo de puertos con netcat y análisis de resultados

Veamos un ejemplo utilizando la herramienta **netcat** para realizar un escaneo de puertos y luego analizar los resultados:

4.2.3.1 IDENTIFICACIÓN DE PUERTOS ABIERTOS

Utilizaremos la herramienta **netcat** para realizar un escaneo de puertos en una máquina remota. Se trata de una herramienta versátil que puede utilizarse para leer y escribir datos a través de conexiones de red. Supongamos que queremos escanear la dirección IP 192.168.1.100 para identificar los puertos abiertos. Ejecutamos el siguiente comando en la terminal:

```
nc -zv 192.168.1.100 1-1000
```

Este comando realizará un escaneo de los primeros 1000 puertos en la máquina remota y mostrará información detallada sobre los que están abiertos.

4.2.3.2 ANÁLISIS DE RESULTADOS

Después de ejecutar el comando **netcat**, obtendremos un resultado que se verá de este modo:

```
Connection to 192.168.1.100 port 22 [tcp/ssh] succeeded!
Connection to 192.168.1.100 port 80 [tcp/http] succeeded!
Connection to 192.168.1.100 port 443 [tcp/https] succeeded!
Connection to 192.168.1.100 port 3306 [tcp/mysql] succeeded!
```

Este resultado indica que la máquina remota tiene los siguientes puertos abiertos:

- El puerto 22 (SSH), lo que significa que el servidor SSH está en funcionamiento y aceptando conexiones.

- El puerto 80 (HTTP), lo que indica que hay un servidor web HTTP activo y accesible.

- El puerto 443 (HTTPS), lo que sugiere que hay un servidor web HTTPS en funcionamiento, probablemente para conexiones seguras.

- El puerto 3306 (MySQL), lo que indica que hay un servidor MySQL en funcionamiento y aceptando conexiones de red.

4.2.3.3 ANÁLISIS ADICIONAL

Basándonos en estos resultados, podemos realizar un análisis adicional para determinar el nivel de riesgo y las posibles vulnerabilidades de seguridad en la máquina remota. Podríamos querer investigar más a fondo cada servicio identificado para asegurarnos de que estén correctamente configurados y actualizados. También podríamos considerar tomar medidas adicionales, como el bloqueo de puertos no utilizados o la implementación de medidas de seguridad adicionales en los servicios expuestos.

4.2.4 Ejemplo práctico de escaneo de puertos con hping3 y análisis de resultados

Veamos un ejemplo completo utilizando el comando **hping3** para realizar un escaneo de puertos y analizar los resultados.

4.2.4.1 IDENTIFICACIÓN DE PUERTOS ABIERTOS

Utilizaremos la herramienta **hping3** para realizar un escaneo de puertos en una máquina remota. Esta herramienta puede generar paquetes TCP/IP personalizados y enviarlos a través de la red. Supongamos que queremos escanear la dirección IP 192.168.1.100 para identificar los puertos abiertos. Ejecutamos el siguiente comando en la terminal:

```
hping3 -S -p 1-1000 -c 1 192.168.1.100
```

Este comando enviará un solo paquete SYN a cada puerto en el rango del 1 al 1000 y mostrará la respuesta recibida.

4.2.4.2 ANÁLISIS DE RESULTADOS

Después de ejecutar el comando **hping3**, obtendremos un resultado que se verá de la siguiente manera:

```
len=46 ip=192.168.1.100 ttl=64 DF id=0 sport=22 flags=SA seq=0 win=29200 rtt=4.4
ms
len=46 ip=192.168.1.100 ttl=64 DF id=0 sport=80 flags=SA seq=0 win=29200 rtt=4.7
ms
len=46 ip=192.168.1.100 ttl=64 DF id=0 sport=443 flags=SA seq=0 win=29200 rtt=4.2
ms
len=46 ip=192.168.1.100 ttl=64 DF id=0 sport=3306 flags=SA seq=0 win=29200
rtt=4.9 ms
```

Este resultado indica que la máquina remota ha respondido a los paquetes SYN enviados a los siguientes puertos:

- El puerto 22 (SSH) está abierto y listo para establecer una conexión.

- El puerto 80 (HTTP) está abierto y aceptando conexiones.

- El puerto 443 (HTTPS) está abierto y disponible para conexiones seguras.

- El puerto 3306 (MySQL) está abierto y listo para conexiones a la base de datos MySQL.

4.2.4.3 ANÁLISIS ADICIONAL

Como en el ejemplo anterior, podemos realizar un análisis adicional para evaluar el riesgo y las posibles vulnerabilidades de seguridad en la máquina remota. Esto puede incluir investigaciones adicionales sobre los servicios identificados, así como la implementación de medidas de seguridad extra según sea necesario.

4.3 ADMINISTRACIÓN DE PUERTOS

La administración de puertos en sistemas Linux es un aspecto fundamental de la seguridad informática, ya que los puertos son puntos de entrada y salida para la comunicación de red. La correcta gestión de los puertos es esencial para garantizar la integridad, confidencialidad y disponibilidad de los servicios y datos alojados en el sistema.

4.3.1 Enfoque basado en archivos

Linux utiliza un enfoque basado en archivos para la administración de puertos, donde los puertos están representados como archivos en el sistema de archivos virtual **/proc** y **/sys**. Estos archivos proporcionan información sobre el estado y la configuración de los puertos, así como sobre la capacidad de configurarlos y administrarlos.

En sistemas Linux, los directorios **/proc** y **/sys** son fundamentales para acceder y manipular información sobre el hardware, los procesos en ejecución y otros aspectos del sistema operativo en tiempo de ejecución. Estos directorios proporcionan una interfaz de acceso a datos virtual, donde los usuarios y programas pueden acceder a información y configuraciones del kernel y del sistema en tiempo real.

El directorio **/proc** contiene una serie de archivos y subdirectorios que representan procesos, controladores de dispositivos, información de hardware y otros recursos del sistema. Cada proceso en ejecución tiene un directorio correspondiente en **/proc**, con número de identificación de proceso (PID). Dentro de estos directorios, se pueden encontrar archivos como **cmdline**, que contiene la línea de comandos utilizada para iniciar el proceso, y **status**, que proporciona información detallada sobre el estado del proceso.

Además de la información de los procesos, **/proc** también contiene archivos especiales que permiten acceder a información sobre la configuración del kernel, como **cpuinfo**, que muestra información sobre la CPU del sistema, y **meminfo**, que proporciona información sobre el uso de la memoria del sistema.

Por otro lado, el directorio **/sys** es una interfaz virtual que permite a los usuarios y programas acceder a información sobre dispositivos y controladores de dispositivos en el sistema. Similar a **/proc**, **/sys** contiene una serie de archivos y directorios que representan dispositivos y características del hardware del sistema. Por ejemplo, **/sys/class/net** contiene subdirectorios para cada interfaz de red en el sistema, donde se pueden encontrar archivos como **speed**, que muestra la velocidad de la interfaz de red, y **carrier**, que indica si la interfaz está conectada o no.

En los directorios **/proc** y **/sys** en sistemas Linux, no hay archivos específicos que proporcionen información directa sobre los puertos abiertos en el sistema. Sin embargo, es posible obtener información relacionada con los puertos a través de otros archivos y directorios en estos directorios virtuales.

Por ejemplo, el directorio **/proc/net** tiene información sobre el estado de las conexiones de red del sistema. Los archivos en este directorio, como **tcp**, **udp** y **tcp6**, contienen información detallada sobre las conexiones TCP y UDP activas, incluidos los puertos locales y remotos asociados con cada conexión.

En el caso de **/proc/net/tcp** y **/proc/net/udp**, cada línea en estos archivos representa una conexión TCP o UDP activa, respectivamente. La información en estas líneas incluye el estado de la conexión, las direcciones IP y los números de puerto locales y remotos, entre otros detalles. Al analizar estos archivos, es posible identificar los puertos que están siendo utilizados por conexiones de red en el sistema.

Por otro lado, en el directorio **/sys/class/net** existe información sobre las interfaces de red del sistema, pero no sobre los puertos específicos que están en uso. Sin embargo, al monitorear el estado de las interfaces de red, es posible inferir qué puertos están siendo utilizados por las conexiones de red en el sistema.

4.3.2 Comandos especiales

Uno de los aspectos clave en la administración de puertos en Linux es el uso del comando **netstat** para listar los puertos abiertos y las conexiones de red activas. El comando **netstat** proporciona una visión detallada de los puertos en uso, junto con información sobre el protocolo, la dirección IP local y remota, el estado de la conexión y el proceso asociado.

Además del comando **netstat**, Linux ofrece otras herramientas, como **ss** (socket statistics) y **lsof** (list open files), que pueden usarse para obtener información adicional sobre los puertos y los procesos asociados a ellos.

La administración de puertos en Linux también implica la configuración del cortafuegos para controlar el tráfico de red entrante y saliente. El cortafuegos puede configurarse utilizando herramientas como **iptables** o **firewalld**, que permiten especificar reglas de filtrado basadas en direcciones IP, puertos y protocolos.

Es importante tener en cuenta que la apertura indiscriminada de puertos puede exponer el sistema a vulnerabilidades de seguridad y ataques de red. Por lo tanto, es recomendable mantener abiertos solo los puertos necesarios y aplicar medidas adicionales de seguridad, como el cifrado de datos y la autenticación de usuarios, para proteger el sistema contra amenazas externas.

4.3.3 Uso de comandos de consola

4.3.4 para administrar puertos abiertos

Para administrar puertos abiertos en sistemas Linux, se utilizar una variedad de comandos de consola que permiten visualizar, abrir y cerrar puertos, así como gestionar las reglas del cortafuegos. A continuación, se presentan algunos de estos comandos junto con ejemplos concretos:

netstat: permite mostrar información sobre las conexiones de red activas, incluidos los puertos que está utilizando el sistema:

```
netstat -tuln
```

Este comando muestra una lista de puertos TCP (**-t**) y UDP (**-u**) que están escuchando (**-l**) y muestra los números de puerto en formato numérico (**-n**).

ss: similar al anterior, es otra herramienta para mostrar información sobre las conexiones de red:

```
ss -tuln
```

Al igual que **netstat**, este comando muestra una lista de puertos TCP y UDP que están escuchando.

lsof: muestra los archivos que están siendo utilizados por los procesos en el sistema, incluyendo los sockets de red, lo que permite identificar los procesos que están usando determinados puertos:

```
lsof -i :80
```

Este comando muestra los procesos que están utilizando el puerto 80.

iptables: permite configurar las reglas del cortafuegos en sistemas Linux:

```
iptables -A INPUT -p tcp —dport 22 -j DROP
```

Este comando añade una regla a la cadena INPUT para bloquear (DROP) el tráfico TCP entrante al puerto 22.

firewall-cmd: si estás utilizando **firewalld**, puedes utilizar este comando para administrar las reglas del cortafuegos:

```
firewall-cmd –zone=public –add-port=80/tcp –permanent
```

Este comando añade permanentemente el puerto TCP 80 a la zona public del cortafuegos.

A continuación se presentan algunos ejemplos de comandos de consola que permiten abrir y cerrar puertos en sistemas Linux:

▼ Abrir un puerto TCP utilizando **iptables**:

```
sudo iptables -A INPUT -p tcp –dport 8080 -j ACCEPT
```

Este comando añade una regla a la cadena INPUT del cortafuegos para aceptar (ACCEPT) el tráfico TCP entrante al puerto 8080.

▼ Cerrar un puerto TCP utilizando **iptables**:

```
sudo iptables -A INPUT -p tcp –dport 8080 -j DROP
```

Este comando añade una regla a la cadena INPUT del cortafuegos para rechazar (DROP) el tráfico TCP entrante al puerto 8080.

▼ Abrir un puerto UDP utilizando **iptables**:

```
sudo iptables -A INPUT -p udp –dport 123 -j ACCEPT
```

Este comando añade una regla a la cadena INPUT del cortafuegos para aceptar el tráfico UDP entrante al puerto 123 (por ejemplo, para el servicio NTP).

▼ Cerrar un puerto UDP utilizando **iptables**:

```
sudo iptables -A INPUT -p udp –dport 123 -j DROP
```

Este comando añade una regla a la cadena INPUT del cortafuegos para rechazar el tráfico UDP entrante al puerto 123.

4.4 ACTIVIDADES

A continuación se presentan las preguntas y los ejercicios que deberías saber responder y resolver para considerar aprendido el capítulo.

4.4.1 Test de autoevaluación

1. *¿Qué son los puertos en el contexto de la seguridad de Linux?*

2. *¿Cuál es la diferencia entre los puertos bien conocidos, los puertos registrados y los puertos dinámicos?*

3. *¿Por qué es importante escanear puertos en un sistema Linux?*

4. *¿Cuál es la diferencia entre TCP y UDP en términos de comunicación de red?*

5. *¿Cómo se puede abrir un puerto TCP utilizando el comando **iptables**?*

6. *¿Qué comando se utiliza para cerrar un puerto UDP utilizando **iptables**?*

7. *¿Qué tipo de archivo en Linux se utiliza para configurar reglas de firewall de manera permanente?*

8. *¿Cuál es la diferencia entre los directorios **/proc** y **/sys** en Linux?*

9. *¿Qué comando se puede utilizar para listar todos los puertos abiertos en un sistema Linux?*

10. *¿Por qué es importante administrar correctamente los puertos abiertos en un sistema Linux?*

4.4.2 Ejercicios prácticos

1. *Utiliza el comando **netstat** para identificar todos los puertos TCP abiertos en un sistema Linux.*

2. *Utiliza el comando **iptables** para abrir el puerto 22 (SSH) en un sistema Linux.*

3. *Escanea una red local en busca de puertos abiertos utilizando la herramienta **nmap**.*

4. *Utiliza el comando **ss** para mostrar estadísticas de conexión de red en un sistema Linux.*

5. *Configura una regla de firewall persistente utilizando el archivo de configuración adecuado en Linux para abrir el puerto 80 (HTTP).*

5

PENTESTING EN REDES LOCALES

En el mundo actual, donde la seguridad de la información es una preocupación constante, el pentesting en redes locales se ha vuelto una práctica fundamental. Este capítulo te guiará a través del proceso de evaluación de la seguridad de una red interna y te permitirá descubrir posibles brechas que podrían ser aprovechadas por ciberatacantes. Desde la configuración del entorno de pruebas hasta la ejecución de ataques de explotación, explorarás las herramientas y técnicas necesarias para fortalecer la seguridad de tu red.

5.1 PREPARACIÓN DEL ENTORNO

La preparación del entorno es una fase crítica en el proceso de **pentesting** en redes locales. Antes de comenzar a evaluar la seguridad de una red interna, es fundamental configurar un entorno de pruebas adecuado y seleccionar las herramientas necesarias para realizar las evaluaciones de manera efectiva.

Una de las primeras consideraciones al preparar el entorno es la configuración de una máquina virtual dedicada para pruebas. Utilizar una máquina virtual te permite simular diferentes escenarios de red sin comprometer la seguridad de tu entorno de producción. Puedes instalar sistemas operativos específicos, configurar servicios y realizar pruebas de penetración sin temor a dañar sistemas reales. Herramientas como VirtualBox o VMware son ampliamente utilizadas para este fin y ofrecen una variada gama de funcionalidades para la creación y gestión de máquinas virtuales.

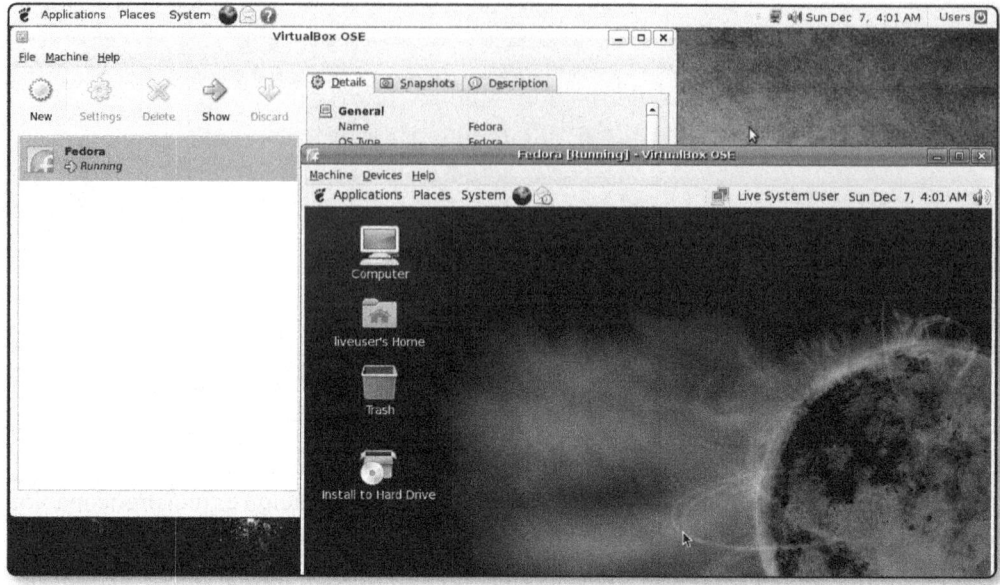

Figura 5.1. Oracle VM VirtualBox es un software de virtualización para arquitecturas x86/amd64. Actualmente es desarrollado por Oracle Corporation.

Una vez que hayas configurado tu máquina virtual de pruebas, el siguiente paso es seleccionar las herramientas de pentesting adecuadas. Una de las más populares es **Metasploit** Framework. Se trata de una plataforma de código abierto que proporciona una colección de herramientas y recursos para realizar pruebas de penetración y explotar vulnerabilidades en sistemas y redes. Con Metasploit, los pentesters pueden ejecutar una variedad de ataques, como escaneos de vulnerabilidades, ataques de fuerza bruta y explotación de vulnerabilidades conocidas.

Otra herramienta importante en el arsenal de un pentester es **Wireshark**, un analizador de protocolos de red de código abierto que permite a los usuarios capturar y analizar el tráfico de red en tiempo real. Con Wireshark, los pentesters pueden inspeccionar paquetes de red, identificar patrones de tráfico sospechoso y detectar posibles vulnerabilidades en los sistemas y servicios de la red. Además, Wireshark cuenta con potentes filtros que permiten a los usuarios filtrar y analizar el tráfico de manera eficiente, para facilitar la identificación de problemas de seguridad.

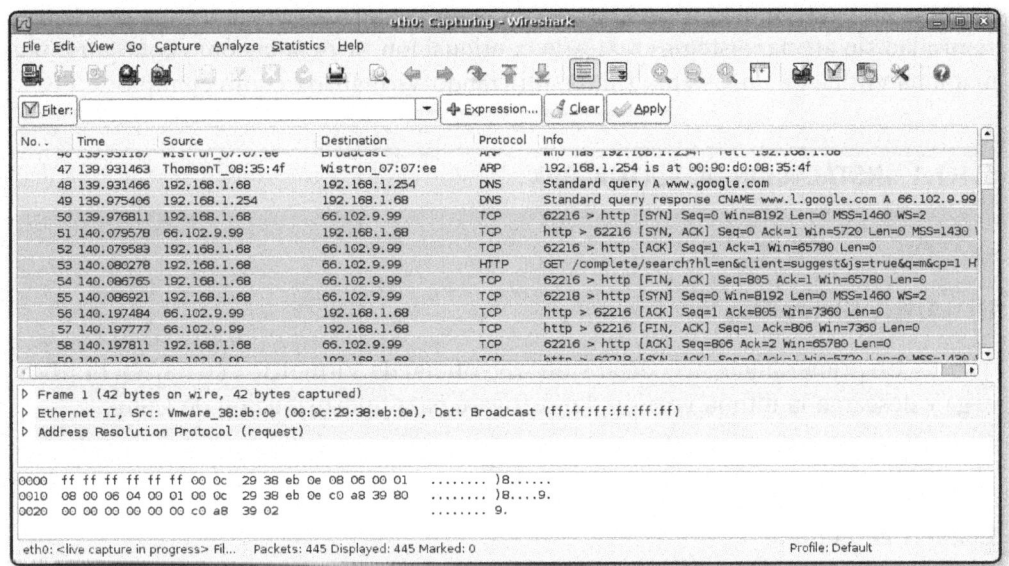

Figura 5.2. Wireshark es un analizador de protocolos utilizado para realizar
análisis y solucionar problemas en redes de comunicaciones.

Además de Metasploit y Wireshark, hay otras herramientas que pueden ser útiles durante el pentesting en redes locales. Nmap es una opción de escaneo de red que permite a los usuarios descubrir dispositivos activos en una red, identificar puertos abiertos y servicios en ejecución, y realizar auditorías de seguridad. Hydra es una herramienta de fuerza bruta con la cual los usuarios pueden realizar ataques de autenticación contra servicios como SSH, FTP y HTTP. Aircrack-ng es una suite de herramientas de auditoría de redes inalámbricas que se utiliza para efectuar ataques de fuerza bruta y de diccionario contra redes WiFi protegidas por cifrado WEP o WPA/WPA2.

La preparación del entorno es una parte fundamental del proceso de pentesting en redes locales. Configurar una máquina virtual de pruebas y seleccionar las herramientas adecuadas son pasos críticos para garantizar el éxito de las evaluaciones de seguridad. Con las herramientas adecuadas y un entorno de pruebas bien configurado, estarás equipado para identificar y remediar vulnerabilidades en tu red interna.

5.1.1 Configuración de una máquina virtual para pruebas

La configuración de una máquina virtual para pruebas es un paso fundamental en el proceso de pentesting en redes locales. Este proceso implica crear un entorno virtualizado que simule una red interna en la que se puedan llevar a cabo pruebas de seguridad sin afectar sistemas reales. A continuación, se detalla cómo configurar una máquina virtual en un sistema Linux, utilizando VirtualBox como ejemplo:

5.1.1.1 INSTALACIÓN DE VIRTUALBOX

PASO 1

Descargar VirtualBox

En primer lugar, accede al sitio web oficial de VirtualBox (**www.virtualbox. org**) y descarga la última versión del software para tu distribución de Linux.

PASO 2

Instalar el paquete

Una vez que se complete la descarga, abre una terminal y navega hasta la ubicación donde se encuentra el archivo descargado. Ejecuta el siguiente comando para instalar VirtualBox:

```
sudo apt install ./nombre_del_paquete.deb
```

Sustituye **nombre_del_paquete.deb** por el nombre del paquete que descargaste.

5.1.1.2 CREACIÓN DE UNA MÁQUINA VIRTUAL

PASO 1

Abrir VirtualBox

Una vez instalado, abre VirtualBox desde el menú de aplicaciones o ejecutando el comando **virtualbox** en la terminal.

PASO 2

Crear una nueva máquina virtual

Haz clic en el botón **Nueva** en la barra de herramientas para iniciar el asistente de creación de máquinas virtuales. Sigue las instrucciones del asistente para especificar nombre, tipo y versión del sistema operativo que deseas instalar en la máquina virtual.

PASO 3

Asignar recursos

Durante el proceso de creación, asigna la cantidad de memoria RAM y espacio en disco que deseas otorgar a la máquina virtual. Se recomienda asignar al menos 2 GB de RAM y 20 GB de espacio en disco para un rendimiento óptimo.

PASO 4

Configurar la red

Configura la red de la máquina virtual según tus necesidades. Puedes elegir entre diferentes opciones de red, como NAT, Puente, Red interna, etcétera, dependiendo de cómo desees que la máquina virtual se comunique con la red externa.

PASO 5

Finalizar la creación

Una vez completado el proceso de creación, haz clic en **Finalizar** para cerrar el asistente y crear la máquina virtual.

5.1.1.3 INSTALACIÓN DEL SISTEMA OPERATIVO

PASO 1

Descargar el sistema operativo

Descarga la ISO del sistema operativo que deseas instalar en la máquina virtual desde el sitio web oficial del sistema.

PASO 2

Configurar la unidad óptica virtual

En la configuración de la máquina virtual, ve a la pestaña **Almacenamiento** y agrega la ISO del sistema operativo como una unidad óptica virtual.

PASO 3

Iniciar la máquina virtual

Una vez configurada la unidad óptica virtual, inicia la máquina virtual haciendo clic en el botón **Iniciar**.

PASO 4

Instalar el sistema operativo

Sigue las instrucciones en pantalla para instalar el sistema operativo en la máquina virtual. Durante el proceso, puedes personalizar la configuración del sistema según tus necesidades.

Una vez completados estos pasos, habrás configurado con éxito una máquina virtual para pruebas en tu sistema Linux. Ahora puedes utilizarla para llevar a cabo pruebas de pentesting en redes locales y evaluar la seguridad de tu entorno de manera controlada.

5.1.2 Selección de herramientas de pentesting

La selección de herramientas de pentesting es un proceso crítico que requiere una cuidadosa consideración de las necesidades específicas de cada proyecto y las habilidades técnicas del equipo. Las herramientas adecuadas no solo facilitan la identificación de vulnerabilidades en una red local, sino que también permiten realizar pruebas exhaustivas y evaluar el impacto potencial de las vulnerabilidades descubiertas.

En esta sección, exploraremos algunas de las herramientas más populares y ampliamente utilizadas en el campo del pentesting, centrándonos en Metasploit y Wireshark. Ambas ofrecen capacidades únicas y complementarias que permiten a los pentesters llevar a cabo pruebas de penetración exhaustivas y precisas.

Metasploit es una de las herramientas de pentesting más destacadas y ampliamente utilizadas en la comunidad de seguridad cibernética.

Desarrollada y mantenida por Rapid7, proporciona un marco de trabajo integral que facilita la ejecución de pruebas de penetración y la explotación de vulnerabilidades en sistemas y redes. Con una amplia gama de módulos de explotación y una interfaz de usuario intuitiva, Metasploit es una herramienta indispensable para los pentesters que buscan identificar y mitigar vulnerabilidades en una red local.

```
                                              root@kali: ~
File  Edit  View  Search  Terminal  Help
root@kali:~# msfconsole -h
Usage: msfconsole [options]

Common options
    -E, --environment ENVIRONMENT    The Rails environment. Will use RAIL_ENV environment variable if that
  neither option not RAILS_ENV environment variable is set.

Database options
    -M, --migration-path DIRECTORY   Specify a directory containing additional DB migrations
    -n, --no-database                Disable database support
    -y, --yaml PATH                  Specify a YAML file containing database settings

Framework options
    -c FILE                          Load the specified configuration file
    -v, --version                    Show version

Module options
        --defer-module-loads        Defer module loading unless explicitly asked.
    -m, --module-path DIRECTORY      An additional module path

Console options:
    -a, --ask                        Ask before exiting Metasploit or accept 'exit -y'
    -d, --defanged                   Execute the console as defanged
    -L, --real-readline              Use the system Readline library instead of RbReadline
    -o, --output FILE                Output to the specified file
    -p, --plugin PLUGIN              Load a plugin on startup
    -q, --quiet                      Do not print the banner on startup
    -r, --resource FILE              Execute the specified resource file (- for stdin)
    -x, --execute-command COMMAND    Execute the specified string as console commands (use ; for multiples)
    -h, --help                       Show this message
root@kali:~#
```

Figura 5.3. Metasploit proporciona información acerca de vulnerabilidades
de seguridad y ayuda en tests de penetración.

Por otro lado, Wireshark es una herramienta de análisis de protocolos de red de código abierto y multiplataforma que permite capturar y analizar el tráfico de red en tiempo real. Con su interfaz intuitiva y poderosas capacidades de filtrado, resulta invaluable para los pentesters que desean comprender cómo funciona una red y detectar posibles vulnerabilidades. Desde el análisis de protocolos hasta la detección de intrusiones, Wireshark ofrece una amplia gama de funciones que permiten realizar pruebas exhaustivas de seguridad en una red local.

Al seleccionar herramientas de pentesting, es importante tener en cuenta una serie de factores, incluidas las necesidades específicas del proyecto, el nivel de experiencia del equipo y las capacidades técnicas de las herramientas. Además, es fundamental garantizar que las herramientas seleccionadas sean compatibles con el entorno de la red objetivo, y cumplan con los requisitos de seguridad y privacidad establecidos por la organización. Con las herramientas correspondientes y una estrategia sólida de pruebas, los pentesters pueden identificar y mitigar eficazmente las vulnerabilidades en una red local, contribuyendo así a mejorar su seguridad y protección contra posibles amenazas.

5.1.2.1 METASPLOIT

Además de su extensa base de datos de exploits, Metasploit ofrece una serie de características que lo convierten en una herramienta poderosa y versátil para realizar pruebas de penetración en redes locales. Entre estas características se incluyen:

▼ **Interfaz gráfica y de línea de comandos**: Metasploit proporciona tanto una interfaz gráfica de usuario (GUI) como una interfaz de línea de comandos (CLI), lo que brinda a los usuarios la flexibilidad de elegir la forma de interactuar con la herramienta según sus preferencias. La interfaz gráfica ofrece una experiencia visual intuitiva para aquellos que prefieren una interacción basada en clics, mientras que la interfaz de línea de comandos permite realizar tareas avanzadas y automatizadas mediante comandos de texto.

▼ **Automatización de tareas**: facilita la automatización de tareas repetitivas mediante el uso de scripts y módulos predefinidos. Esto permite a los pentesters realizar pruebas de manera más eficiente y efectiva, ya que pueden automatizar procesos como el escaneo de vulnerabilidades, la identificación de sistemas vulnerables y la ejecución de exploits.

▼ **Integración con otras herramientas**: se integra fácilmente con otras herramientas y frameworks de pentesting, lo que permite ampliar su funcionalidad y adaptarla a necesidades específicas. Esta capacidad de integración facilita la colaboración entre equipos de seguridad, y el intercambio de información y recursos en el contexto de pruebas de penetración más amplias.

▼ **Desarrollo activo y comunidad de usuarios**: Metasploit es un proyecto de código abierto con una comunidad activa de usuarios y desarrolladores que contribuyen constantemente con nuevas características, módulos y mejoras. Esta comunidad dinámica garantiza que Metasploit se mantenga actualizado y relevante en un entorno de amenazas en constante evolución, y proporciona a los usuarios acceso a recursos y conocimientos adicionales a través de foros, grupos de discusión y eventos de la comunidad.

Metasploit es una herramienta integral que combina una base de datos de exploits extensa con una variedad de características avanzadas, como una interfaz gráfica y de línea de comandos, automatización de tareas e integración con otras herramientas. Esta combinación de funcionalidades la vuelve una opción popular entre los pentesters y profesionales de seguridad cibernética para llevar a cabo pruebas de penetración efectivas en redes locales.

Aquí tienes una guía básica para utilizar Metasploit a través de la línea de comandos:

- ▶ **Inicio de Metasploit**: para iniciar Metasploit desde la línea de comandos, simplemente abre una terminal y escribe **msfconsole**. Esto iniciará Metasploit y te llevará a su intérprete de comandos.

- ▶ **Exploración de módulos**: una vez que hayas iniciado Metasploit, puedes explorar los diferentes módulos disponibles utilizando el comando **search**. Por ejemplo, si estás buscando exploits específicos para una aplicación web, puedes escribir **search webapps**.

- ▶ **Selección de un módulo**: cuando encuentras un módulo que te interesa, puedes seleccionarlo con el comando **use**. Por ejemplo, si quieres utilizar un exploit para WordPress, puedes escribir **use exploit/multi/http/wp_admin_shell_upload**.

- ▶ **Visualización de opciones**: luego de seleccionar un módulo, puedes ver las opciones disponibles aplicando el comando **show options**. Se mostrarán todas las opciones configurables para el módulo seleccionado.

- ▶ **Configuración de opciones**: puedes configurar las opciones necesarias para el módulo utilizando el comando **set**. Por ejemplo, si necesitas establecer la dirección IP del objetivo, escribe **set RHOSTS <dirección IP>**.

- ▶ **Ejecución del exploit**: una vez que hayas configurado todas las opciones necesarias, estás listo para ejecutar el exploit. Simplemente escribe **exploit** y Metasploit intentará aprovechar la vulnerabilidad utilizando los parámetros proporcionados.

- ▶ **Postexplotación y shell remoto**: después de tener acceso al sistema objetivo, utiliza los módulos de postexplotación para llevar a cabo diversas actividades, como la obtención de un shell remoto. Puedes explorar los módulos disponibles utilizando el comando **post**.

- ▶ **Salir de Metasploit**: simplemente escribe **exit** en la línea de comandos y presiona **Enter**. Metasploit se cerrará y te devolverá al símbolo del sistema del sistema operativo.

Ahora veamos un listado de algunos comandos y parámetros útiles para utilizar Metasploit:

▸ **msfconsole**: inicia Metasploit desde la línea de comandos.

▸ **search <término>**: busca módulos y exploits que coincidan con el término especificado.

▸ **use <nombre_del_módulo>**: selecciona un módulo específico para su uso.

▸ **show options**: muestra las opciones disponibles para el módulo seleccionado.

▸ **set <opción> <valor>**: configura una opción específica para el módulo seleccionado.

▸ **exploit**: ejecuta el exploit seleccionado.

▸ **check**: comprueba si un objetivo es vulnerable al exploit seleccionado.

▸ **run**: ejecuta un comando específico dentro del contexto actual.

▸ **back**: retrocede al contexto anterior.

▸ **exit** o **quit**: sale de Metasploit y regresa al símbolo del sistema.

▸ **sessions**: muestra las sesiones activas establecidas durante una explotación exitosa.

▸ **sessions -i <número>**: interactúa con una sesión específica.

▸ **creds**: muestra las credenciales obtenidas durante una sesión.

▸ **db_import <ruta al archivo>**: importa datos de escaneo de Nmap o Nexpose a la base de datos de Metasploit.

5.1.2.2 WIRESHARK

Wireshark es una herramienta de análisis de protocolos de red de código abierto y multiplataforma que permite a los usuarios capturar y analizar el tráfico de red en tiempo real. Con una interfaz intuitiva y poderosas capacidades de filtrado, es indispensable para cualquier pentester.

Esta poderosa herramienta de código abierto ofrece una gran variedad de características y funcionalidades diseñadas para ayudar a los usuarios a comprender y diagnosticar el tráfico de red. Desde la captura de paquetes hasta el análisis detallado de protocolos, Wireshark proporciona una visión profunda del tráfico de red y facilita la identificación de posibles vulnerabilidades y ataques.

Una de las características más destacadas de Wireshark es su capacidad para capturar y mostrar datos en tiempo real. Esto significa que los usuarios pueden ver el tráfico de red en vivo mientras ocurre, lo que les permite detectar y responder rápidamente a cualquier actividad sospechosa o anormal en la red.

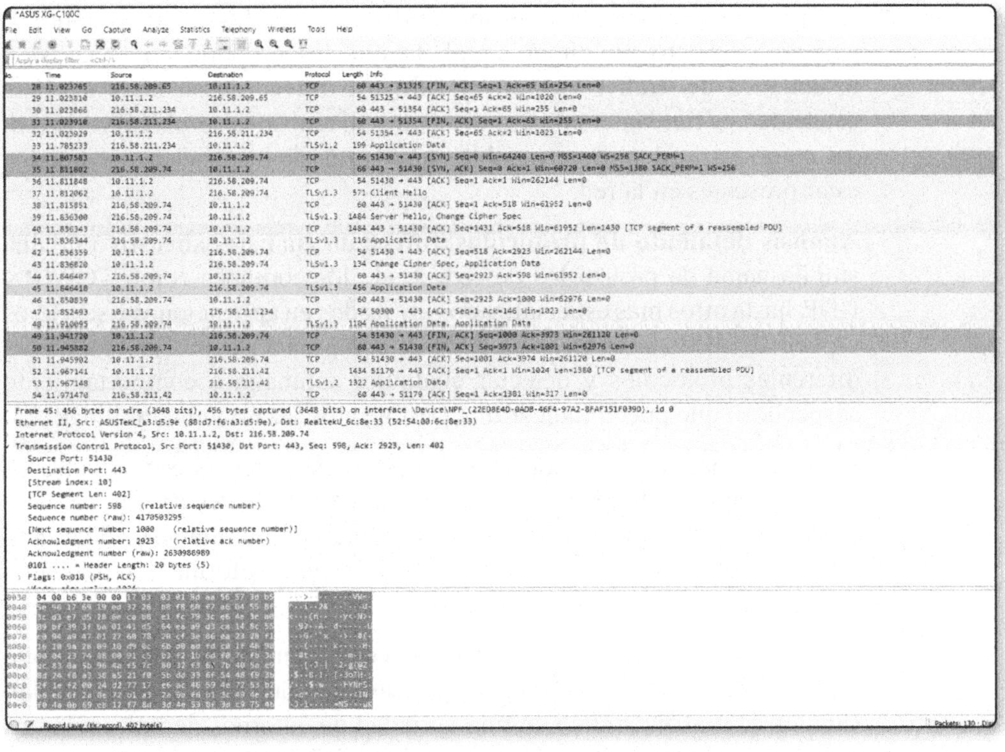

Figura 5.4. Captura de datos en tiempo real con Wireshark.

Además, Wireshark ofrece poderosas capacidades de filtrado que permiten a los usuarios especificar qué paquetes desean capturar y analizar. Así pueden centrarse en el tráfico relevante y descartar el ruido innecesario, lo que facilita el proceso de análisis y ayuda a identificar rápidamente posibles amenazas.

Otra característica importante de Wireshark es su capacidad para decodificar y analizar una amplia variedad de protocolos de red. Esto incluye protocolos comunes como TCP/IP, UDP, HTTP, así como protocolos más especializados utilizados en aplicaciones y servicios específicos. Wireshark proporciona herramientas y visualizaciones detalladas para cada protocolo, lo que permite comprender mejor cómo se están comunicando los dispositivos en la red.

Wireshark es una herramienta versátil y potente que proporciona a los pentesters una visión profunda del tráfico de red y los ayuda a identificar posibles vulnerabilidades y ataques. Con su interfaz intuitiva, capacidades de filtrado avanzadas y soporte para una amplia gama de protocolos, resulta una herramienta esencial en el kit de cualquier profesional de la seguridad informática.

Características principales:

- **Captura de paquetes en tiempo real**: permite a los usuarios capturar paquetes de datos en tiempo real, lo que les proporciona una visión instantánea del tráfico de red que fluye a través de su entorno. Esta capacidad es fundamental para detectar y diagnosticar problemas de red, así como para identificar posibles amenazas de seguridad que puedan estar presentes en la red.

- **Análisis detallado de protocolos**: ofrece un análisis exhaustivo de una amplia gama de protocolos de red, desde los comunes como TCP/IP y UDP, hasta otros más especializados utilizados en aplicaciones y servicios específicos. Esta característica permite comprender cómo funcionan los diferentes protocolos y detectar cualquier anomalía o comportamiento sospechoso que pueda indicar una posible amenaza o vulnerabilidad.

- **Filtrado avanzado de paquetes**: proporciona potentes capacidades de filtrado que permiten filtrar y analizar solo los paquetes de interés. Esto es especialmente útil cuando se trabaja con grandes volúmenes de tráfico de red, ya que los usuarios pueden enfocarse en la información relevante y descartar el ruido innecesario.

- **Soporte para múltiples interfaces de red**: es compatible con una amplia variedad de interfaces de red, lo que significa que los usuarios pueden capturar y analizar tráfico en una variedad de entornos de red, incluidas redes cableadas e inalámbricas. Esta flexibilidad asegura que Wireshark sea una herramienta versátil que se puede utilizar en una amplia variedad de escenarios de red.

- **Interfaz gráfica intuitiva**: cuenta con una interfaz gráfica de usuario (GUI) intuitiva que facilita su uso, incluso para aquellos que no tienen experiencia previa en análisis de tráfico de red. La GUI proporciona acceso rápido a todas las funciones y herramientas de Wireshark, lo que permite navegar fácilmente por la aplicación y realizar análisis complejos de manera eficiente.

Tanto Metasploit como Wireshark son herramientas fundamentales en el arsenal de cualquier pentester y ofrecen capacidades poderosas para la evaluación de la seguridad de redes locales. Al utilizar estas herramientas de manera efectiva, los pentesters pueden identificar y mitigar vulnerabilidades en sistemas y redes, contribuyendo así a mejorar la seguridad general de una organización.

En la siguiente tabla verás algunas herramientas adicionales:

Herramienta	Descripción	Características
Nmap	Herramienta de escaneo de red ampliamente utilizada para descubrir dispositivos y servicios. Permite a los administradores de red auditar la seguridad al identificar puertos abiertos, servicios en ejecución y sistemas operativos en los dispositivos de la red.	• Escaneo de puertos TCP/UDP • Detección de sistemas operativos remotos • Detección de servicios en ejecución • Escaneo de subredes • Escaneo de hosts específicos • Generación de informes detallados
Burp Suite	Suite de herramientas diseñada para pruebas de penetración de aplicaciones web. Incluye un escáner de vulnerabilidades, un proxy web, una herramienta de intrusión web, y otras utilidades para identificar y explotar vulnerabilidades en aplicaciones web.	• Escáner de vulnerabilidades de aplicaciones web • Proxy web para interceptar y modificar tráfico HTTP/S • Intruso web para realizar pruebas de intrusión automatizadas • Herramientas de secuenciación y análisis de solicitudes y respuestas HTTP/S
Aircrack-ng	Suite de herramientas para auditoría de seguridad inalámbrica en redes WiFi. Permite a los pentesters capturar paquetes de red, descifrar claves de cifrado WEP y WPA, y realizar ataques de inyección de paquetes para probar la seguridad de redes inalámbricas.	• Captura de paquetes de red en modo monitor • Descifrado de claves WEP y WPA • Ataques de inyección de paquetes para probar la seguridad de redes inalámbricas
Hydra	Herramienta de fuerza bruta diseñada para realizar ataques de autenticación contra servicios remotos. Permite a los pentesters probar la seguridad de contraseñas y credenciales al intentar múltiples combinaciones de nombres de usuario y contraseñas en servicios remotos.	• Ataques de fuerza bruta contra servicios remotos (SSH, FTP, HTTP, etc.) • Soporte para múltiples protocolos de autenticación • Configuración de listas de usuarios y contraseñas • Ejecución de ataques en modo de diccionario o fuerza bruta
John the Ripper	Herramienta de cracking de contraseñas que utiliza ataques de fuerza bruta y de diccionario para descifrar contraseñas cifradas. Es ampliamente utilizada por los pentesters para probar la fortaleza de las contraseñas y mejorar la seguridad de los sistemas de autenticación.	• Ataques de fuerza bruta y de diccionario contra contraseñas cifradas • Soporte para varios algoritmos de cifrado (MD5, SHA-1, etc.) • Optimización de rendimiento para una mayor velocidad de descifrado • Análisis y recuperación de contraseñas en archivos de volcado

5.2 ESCANEO DE REDES

El escaneo de redes es una parte fundamental del pentesting en redes locales, ya que permite identificar dispositivos activos y mapear la topología de la red para comprender su estructura y detectar posibles puntos de vulnerabilidad.

5.2.1 Identificación de dispositivos activos en la red

La identificación de dispositivos activos en la red es el primer paso para evaluar su seguridad. Se utilizan herramientas de escaneo de red como Nmap para descubrir dispositivos en la red y determinar qué sistemas están activos y disponibles. Este proceso implica el envío de paquetes de solicitud a direcciones IP específicas y la espera de respuestas para determinar la presencia de dispositivos en la red.

Una vez que se identifican los dispositivos activos, se recopila información adicional sobre ellos, como direcciones IP, sistemas operativos y servicios en ejecución. Esta información es crucial para comprender la topología de la red y planificar ataques posteriores.

A continuación, se presentan algunos comandos básicos de Nmap para este propósito:

5.2.1.1 ESCANEO DE RED SIMPLE

```
nmap <IP de la red>
```

Este comando escanea la red especificada y muestra los hosts activos junto con los puertos abiertos en cada uno.

5.2.1.2 ESCANEO DE RED CON DETECCIÓN DE SISTEMAS OPERATIVOS

```
nmap -O <IP de la red>
```

Este comando escanea la red y trata de identificar el sistema operativo de cada host activo.

5.2.1.3 ESCANEO DE RED CON DETECCIÓN DE SERVICIOS

```
nmap -sV <IP de la red>
```

Este comando escanea la red y trata de identificar los servicios y versiones de software en cada puerto abierto de los hosts activos.

5.2.1.4 ESCANEO DE RED RÁPIDO

```
nmap -F <IP de la red>
```

Este comando realiza un escaneo rápido de los 1000 puertos más comunes en cada host activo de la red.

5.2.1.5 ESCANEO DE RED ESPECÍFICO POR RANGO DE DIRECCIONES IP

```
nmap <Rango de direcciones IP>
```

Este comando escanea un rango específico de direcciones IP para identificar hosts activos en esa gama.

Debes ejecutar estos comandos con privilegios de administrador o superusuario para obtener resultados completos. Además, ten en cuenta que el escaneo de redes puede ser considerado como un comportamiento sospechoso y puede estar sujeto a restricciones legales o políticas de red. Asegúrate de obtener la autorización adecuada antes de realizar cualquier escaneo de red.

5.2.2 Mapeo de la topología de la red

El mapeo de la topología de la red implica la visualización y comprensión de cómo están interconectados los dispositivos en la red. Esta etapa es fundamental para identificar posibles puntos de vulnerabilidad y determinar la ruta óptima para realizar ataques.

Se utilizan herramientas de mapeo de red como Nmap y Netdiscover para descubrir y visualizar la topología de la red. Estas herramientas muestran la estructura de la red, incluidos los dispositivos activos, las direcciones IP y las relaciones de conectividad entre ellos.

El resultado del mapeo de la topología de la red proporciona una visión general de la infraestructura de la red, lo que permite a los pentesters identificar posibles puntos de acceso, dispositivos vulnerables y rutas de ataque potenciales. Esta información es invaluable para la planificación de pruebas de penetración y la implementación de medidas de seguridad adecuadas.

Para mapear la topología de red, es posible utilizar herramientas como Nmap o arp-scan. Aquí tienes algunos comandos básicos para realizar esta tarea:

5.2.2.1 UTILIZAR NMAP

```
nmap -sn <IP de la red>
```

Este comando realiza un escaneo de ping simple en la red especificada para identificar hosts activos. No realiza escaneo de puertos, solo envía solicitudes de ping para determinar la disponibilidad de los hosts.

5.2.2.2 UTILIZAR ARP-SCAN

```
arp-scan —localnet
```

Este comando realiza un escaneo de la red local para identificar las direcciones IP y las direcciones MAC de los dispositivos activos. Proporciona una lista de hosts activos junto con sus direcciones IP y MAC.

5.2.2.3 UTILIZAR TRACEROUTE

```
traceroute <Dirección IP o nombre de dominio>
```

Este comando muestra la ruta que sigue un paquete de datos desde tu computadora hasta un host específico en la red. Proporciona una lista de los saltos o enrutadores intermedios a lo largo del camino, lo que ayuda a visualizar la topología de la red entre una computadora y el host de destino.

```
● ● ●                        user11 — -zsh — 97×30
Last login: Wed Nov 17 16:08:43 on ttys001
user11@MacBook-Pro-4 ~ % traceroute example.com
traceroute to example.com (93.184.216.34), 64 hops max, 52 byte packets
 1  10.121.96.1 (10.121.96.1)  4.838 ms  1.853 ms  2.093 ms
 2  128-092-226-057.biz.spectrum.com (128.92.226.57)  2.247 ms  2.256 ms  3.249 ms
 3  150.181.13.26 (150.181.13.26)  2.151 ms
    150.181.13.24 (150.181.13.24)  2.290 ms
    150.181.13.26 (150.181.13.26)  2.584 ms
 4  crr011nbhca-bue-290.1nbh.ca.charter.com (96.34.96.8)  3.362 ms
    crr021nbhca-bue-293.1nbh.ca.charter.com (96.34.96.28)  5.410 ms  4.747 ms
 5  bbr02atlnga-tge-0-0-0-1.atln.ga.charter.com (96.34.3.40)  7.632 ms
    bbr02atlnga-bue-1.atln.ga.charter.com (96.34.3.18)  5.081 ms
    bbr02atlnga-tge-0-0-0-1.atln.ga.charter.com (96.34.3.40)  5.214 ms
 6  bbr01snloca-bue-1.snlo.ca.charter.com (96.34.0.27)  10.765 ms
    bbr02snjsca-bue-8.snjs.ca.charter.com (96.34.0.176)  19.882 ms
    bbr01snloca-bue-1.snlo.ca.charter.com (96.34.0.27)  16.137 ms
 7  bbr02snloca-bue-4.snlo.ca.charter.com (96.34.0.29)  37.919 ms
    prr01snjsca-bue-6.snjs.ca.charter.com (96.34.3.3)  14.823 ms  12.400 ms
 8  bbr01snjsca-bue-6.snjs.ca.charter.com (96.34.0.0)  11.591 ms  14.739 ms  13.476 ms
 9  prr01snjsca-bue-5.snjs.ca.charter.com (96.34.3.1)  11.681 ms
    ae-65.core1.sab.edgecastcdn.net (152.195.84.131)  15.754 ms  13.206 ms
10  69.36.225.19 (69.36.225.19)  11.325 ms
    93.184.216.34 (93.184.216.34)  15.469 ms  15.363 ms
11  93.184.216.34 (93.184.216.34)  15.442 ms
    ae-65.core1.sab.edgecastcdn.net (152.195.84.131)  11.082 ms  11.827 ms
user11@MacBook-Pro-4 ~ % ▊
```

Figura 5.5. Traceroute y tracert son comandos de diagnóstico de red para mostrar posibles rutas y medir los retrasos de tránsito de los paquetes a través de una red.

5.3 VULNERABILIDAD Y EXPLOTACIÓN

En las secciones anteriores hemos explorado los fundamentos del pentesting y nos hemos sumergido en el análisis de la red local, desde la identificación de dispositivos activos hasta el mapeo de la topología de la red. En estas próximas secciones, daremos un paso adelante y nos adentraremos en el emocionante mundo de la identificación de vulnerabilidades y la ejecución de ataques de explotación.

La identificación de vulnerabilidades es una parte fundamental del pentesting, ya que permite descubrir posibles puntos débiles en los sistemas y servicios que podrían ser aprovechados por atacantes malintencionados. A través de técnicas y herramientas avanzadas, exploraremos cómo detectar y evaluar posibles riesgos de seguridad en una red local.

Figura 5.6. Es necesario aprender a configurar el firewall y las funciones de seguridad del router, para así proteger el acceso a la red.

Una vez identificadas las vulnerabilidades, el siguiente paso es poner a prueba su explotabilidad mediante la ejecución de ataques de explotación. Esta fase del pentesting implica el uso de exploits específicos, técnicas de inyección de código y otros métodos avanzados para comprometer sistemas y servicios, y demostrar el impacto potencial de las vulnerabilidades descubiertas.

Es importante tener en cuenta que el pentesting es una actividad ética que se realiza con el consentimiento explícito del propietario del sistema o red. El objetivo final es mejorar la seguridad de los sistemas y servicios mediante la identificación proactiva de vulnerabilidades y la implementación de medidas de mitigación adecuadas. Con este fin en mente, exploremos en detalle las técnicas y herramientas utilizadas en la identificación de vulnerabilidades y la ejecución de ataques de explotación.

5.3.1 Identificación de vulnerabilidades en sistemas y servicios

La identificación de vulnerabilidades es un paso crucial en el proceso de pentesting, ya que permite detectar posibles puntos débiles en los sistemas y servicios que podrían ser explotados por atacantes maliciosos. Aquí hay algunas técnicas y herramientas comunes que se utilizan para identificar vulnerabilidades:

- ▶ **Escaneo de puertos**: utiliza herramientas como Nmap o Metasploit para escanear los puertos abiertos en un sistema o red. Los puertos abiertos pueden indicar servicios en ejecución que podrían ser vulnerables a ataques.

- ▶ **Búsqueda de vulnerabilidades conocidas**: emplea bases de datos de vulnerabilidades como CVE (Common Vulnerabilities and Exposures) para buscar vulnerabilidades conocidas en sistemas y aplicaciones específicas.

- ▶ **Auditoría de configuraciones**: revisa la configuración de los sistemas y servicios en busca de configuraciones inseguras o por defecto que podrían ser explotadas por atacantes. Herramientas como OpenVAS o Nessus pueden ayudar en este proceso.

- ▶ **Análisis de código fuente**: si tienes acceso al código fuente de una aplicación, realiza un análisis estático en busca de posibles vulnerabilidades de seguridad, como vulnerabilidades de inyección de código o fallos de gestión de memoria.

Para identificar vulnerabilidades en sistemas y servicios durante un proceso de pentesting, se pueden utilizar diversas herramientas y técnicas. A continuación, se presentan algunos comandos comunes que pueden ser útiles para esta tarea:

5.3.1.1 NMAP (NETWORK MAPPER)

```
nmap -sV <ip>   # Escaneo de versiones de servicios
nmap -A <ip>    # Escaneo agresivo con detección de sistema operativo y versio-
nes de servicios
```

5.3.1.2 NIKTO

```
nikto -h <url>   # Escaneo de vulnerabilidades en servidores web
```

5.3.1.3 OPENVAS

```
openvas start     # Iniciar OpenVAS
openvas target_create <name> <host>     # Crear un nuevo objetivo
openvas config_set <name> <config> <value>     # Configurar un escáner
openvas scan_start <target>     # Iniciar un escaneo
```

5.3.1.4 METASPLOIT

```
msfconsole     # Iniciar Metasploit
search <keyword>     # Buscar módulos de exploit
use <module>   # Seleccionar un módulo de exploit
show options   # Mostrar opciones disponibles
```

5.3.1.5 OWASP ZAP (ZED ATTACK PROXY)

```
zap.sh -quickurl <url> # Escanear rápidamente una URL
```

5.3.1.6 SQLMAP

```
sqlmap -u <url> —dbs    # Enumerar bases de datos
sqlmap -u <url> —tables -D <database>    # Enumerar tablas de una base de datos
```

Estas herramientas deben usarse con cautela y solo en sistemas y redes donde se tenga permiso explícito para realizar pruebas de pentesting. El uso indebido de estas herramientas podría resultar en consecuencias legales. Además, es fundamental asegurarse de tener un consentimiento por escrito antes de realizar cualquier tipo de análisis de seguridad en sistemas y redes.

5.3.2 Ejecución de ataques de explotación

Una vez identificadas las vulnerabilidades, el siguiente paso es probar si estas pueden ser explotadas para comprometer el sistema o servicio objetivo. Aquí es donde entra en juego la ejecución de ataques de explotación, que pueden variar según el tipo de vulnerabilidad y el objetivo del ataque. Algunas técnicas comunes incluyen:

▼ **Explotación de vulnerabilidades conocidas**: utiliza exploits específicos que aprovechan vulnerabilidades conocidas en sistemas y servicios para obtener acceso no autorizado o ejecutar código arbitrario.

▼ **Ataques de inyección de código**: si la aplicación es vulnerable a ataques de inyección de código, como **SQL injection** o XSS (Cross-Site Scripting), intenta explotar estas vulnerabilidades para obtener acceso o manipular datos en el sistema.

▼ **Ataques de fuerza bruta**: si hay credenciales débiles o predeterminadas en el sistema, realiza ataques de fuerza bruta para intentar adivinar las contraseñas y obtener acceso no autorizado.

▼ **Phishing**: cuando el objetivo es comprometer a los usuarios, realiza ataques de phishing para engañarlos y obtener sus credenciales de inicio de sesión u otra información confidencial.

La ejecución de ataques de explotación requiere un enfoque cuidadoso y ético, asegurándose de tener el consentimiento adecuado antes de llevar a cabo cualquier acción. A continuación, se presentan algunos comandos que pueden ser útiles para realizar ataques de explotación:

5.3.2.1 METASPLOIT

```
msfconsole   # Iniciar Metasploit
search <keyword>   # Buscar módulos de exploit
use <module>   # Seleccionar un módulo de exploit
set RHOST <target>   # Establecer el host de destino
set PAYLOAD <payload>   # Seleccionar el payload a utilizar
exploit   # Ejecutar el exploit
```

5.3.2.2 EXPLOIT DATABASE

```
searchsploit <keyword>      # Buscar exploits en la base de datos de Exploit Data-
base
```

5.3.2.3 SQL INJECTION

```
sqlmap -u <url> —dbs    # Enumerar bases de datos
sqlmap -u <url> —tables -D <database>    # Enumerar tablas de una base de datos
```

5.3.2.4 BUFFER OVERFLOW

Para llevar a cabo ataques de desbordamiento de búfer, es necesario compilar y ejecutar un programa vulnerable. No hay comandos específicos, ya que este proceso involucra escribir código y explotar vulnerabilidades a nivel de código.

5.3.2.5 SOCIAL ENGINEERING TOOLKIT (SET)

```
setoolkit    # Iniciar Social Engineering Toolkit
```

Es fundamental tener en cuenta que la ejecución de ataques de explotación debe realizarse con responsabilidad y ética. Los ataques deben hacerse solo en entornos controlados y con el consentimiento explícito del propietario del sistema o red. Además, siempre se deben seguir las leyes y regulaciones locales relacionadas con la seguridad informática y el pentesting ético.

5.4 ACTIVIDADES

A continuación se presentan las preguntas y los ejercicios que deberías saber responder y resolver para considerar aprendido el capítulo.

5.4.1 Test de autoevaluación

1. *¿Cuál es uno de los objetivos principales del pentesting en redes locales?*

2. *¿Por qué es importante la preparación del entorno antes de realizar pentesting?*

3. *¿Cuál es una herramienta comúnmente utilizada para escanear redes y mapear su topología?*

4. *¿Qué tipo de información se puede obtener al identificar dispositivos activos en una red?*

5. *¿Qué comando se utiliza para buscar módulos de exploit en Metasploit?*

6. *¿Por qué es importante tener consentimiento antes de llevar a cabo un ataque de explotación?*

7. *¿Qué es SQL Injection y cómo se puede ejecutar utilizando **sqlmap**?*

8. *¿Qué comando se utiliza para iniciar Social Engineering Toolkit (SET)?*

9. *¿Cuál es uno de los riesgos asociados con la ejecución de un ataque de buffer overflow?*

10. *¿Qué se debe hacer después de identificar una vulnerabilidad en un sistema o servicio durante el pentesting?*

5.4.2 Ejercicios prácticos

1. *Configura una máquina virtual para realizar pruebas de pentesting en una red local.*

2. *Escanea una red local y mapea su topología utilizando la herramienta de tu elección.*

3. *Utiliza Metasploit para buscar un módulo de exploit y ejecutar un ataque en un sistema vulnerable.*

4. *Realiza un ataque de SQL Injection en un sitio web de prueba utilizando **sqlmap**.*

5. *Explora las funcionalidades de Social Engineering Toolkit (SET) y realiza un ejercicio de phishing simulado.*

6

AUDITORÍAS WIRELESS

En este capítulo nos adentraremos en el apasionante mundo de la evaluación de la seguridad de redes WiFi. Descubriremos cómo configurar y utilizar herramientas especializadas para escanear redes inalámbricas, identificar puntos de acceso y analizar su seguridad. Además, exploraremos técnicas de cracking de contraseñas WEP y WPA para comprender los riesgos asociados con la debilidad en la seguridad de las redes inalámbricas.

6.1 INTRODUCCIÓN

En el mundo actual de las tecnologías de la información, la seguridad de las redes inalámbricas es un aspecto crítico para individuos y organizaciones por igual. Con el aumento del uso de dispositivos móviles y la creciente dependencia de las comunicaciones wireless, la protección de estas redes se ha vuelto más importante que nunca. En este capítulo, nos sumergiremos en el fascinante campo de las auditorías inalámbricas, explorando técnicas y herramientas para evaluar la seguridad de las redes WiFi.

Las auditorías inalámbricas se centran en la identificación de posibles vulnerabilidades en las redes WiFi y la evaluación de su robustez ante posibles ataques. Desde la detección de puntos de acceso hasta el análisis de la fuerza de las contraseñas, este capítulo abordará los conceptos clave y las mejores prácticas para realizar auditorías efectivas en redes inalámbricas. A lo largo de este capítulo, aprenderemos a utilizar herramientas especializadas, comprenderemos los protocolos de seguridad inalámbrica y exploraremos estrategias para fortalecer la seguridad de las redes WiFi en diversos entornos.

Figura 6.1. La seguridad inalámbrica funciona mediante el uso de contraseñas y cifrado para proteger la conexión a internet; por eso puede ser vulnerable.

6.2 CONFIGURACIÓN DEL ENTORNO

La configuración del entorno para realizar auditorías inalámbricas es un paso fundamental que garantiza que el investigador esté debidamente equipado y preparado para llevar a cabo las evaluaciones de seguridad de manera efectiva y eficiente. En esta sección, exploraremos en detalle los diferentes aspectos involucrados en la configuración del entorno para auditorías inalámbricas, desde la selección y configuración del hardware y el software, hasta la preparación de la plataforma de pruebas y la implementación de medidas de seguridad adicionales.

6.2.1 Selección de hardware

La primera etapa en la configuración del entorno para auditorías inalámbricas es seleccionar el hardware adecuado para llevar a cabo las evaluaciones. Esto incluye la elección de dispositivos como adaptadores de red inalámbrica compatibles con modo monitor y antenas direccionales u omnidireccionales para la captura de señales WiFi. Es importante elegir dispositivos que sean compatibles con las herramientas de auditoría y que ofrezcan un buen rendimiento y una adecuada cobertura inalámbrica.

6.2.2 Adaptadores de red inalámbrica

Los adaptadores de red inalámbrica son una pieza clave del hardware necesario para llevar a cabo estas auditorías. Estos dispositivos permiten al investigador capturar paquetes de datos y analizar el tráfico de red en modo monitor, lo que es esencial para realizar evaluaciones de seguridad en redes WiFi. Al seleccionar un adaptador de red inalámbrica, es importante buscar uno que sea compatible con el modo monitor y que tenga un buen soporte de controladores en el sistema operativo que se está utilizando. Además, es recomendable elegir un adaptador con antenas intercambiables, para lograr una mayor flexibilidad y capacidad de captura de señales WiFi.

Figura 6.2. Adaptador Wi-Fi Alfa largo alcance Dual-Band AC1200 USB inalámbrico 3.0.

6.2.3 Antenas

Las antenas son otro componente importante del hardware utilizado en auditorías inalámbricas. Estas pueden ser antenas direccionales u omnidireccionales, dependiendo de las necesidades específicas del escenario de pruebas. Las direccionales se utilizan para capturar señales WiFi en una dirección específica, lo que puede ser útil para la identificación de dispositivos determinados o la evaluación de la cobertura de una red. Por otro lado, las omnidireccionales capturan señales WiFi desde todas las direcciones, y esto las hace ideales para la identificación de redes y dispositivos en un área más amplia. Es importante seleccionar antenas de calidad que ofrezcan una buena ganancia y sensibilidad para una captura efectiva de señales WiFi (**Figura 6.3**).

Figura 6.3. Alfa AWUS1900 con cuatro antenas.

6.2.4 Software de auditoría

Una vez seleccionado el hardware adecuado, el siguiente paso es instalar y configurar el software necesario para llevar a cabo las auditorías inalámbricas. Esto incluye herramientas como Kali Linux, una distribución de Linux especializada en seguridad y auditorías, así como herramientas específicas de auditoría inalámbrica como Aircrack-ng, Reaver y Wireshark. Estas herramientas proporcionan funcionalidades avanzadas para la captura y análisis de paquetes, la identificación de redes WiFi y la evaluación de la seguridad de las contraseñas.

6.2.5 Plataforma de pruebas

Una vez que se han configurado el hardware y el software, es importante preparar una plataforma de pruebas adecuada para llevar a cabo las auditorías inalámbricas. Esto puede incluir la configuración de una red de laboratorio simulada para realizar pruebas en un entorno controlado, o la realización de pruebas en entornos reales para evaluar la seguridad de las redes WiFi. Es importante tener en cuenta factores como la cobertura de la red, la disponibilidad de dispositivos y la configuración de seguridad al seleccionar la plataforma de pruebas adecuada.

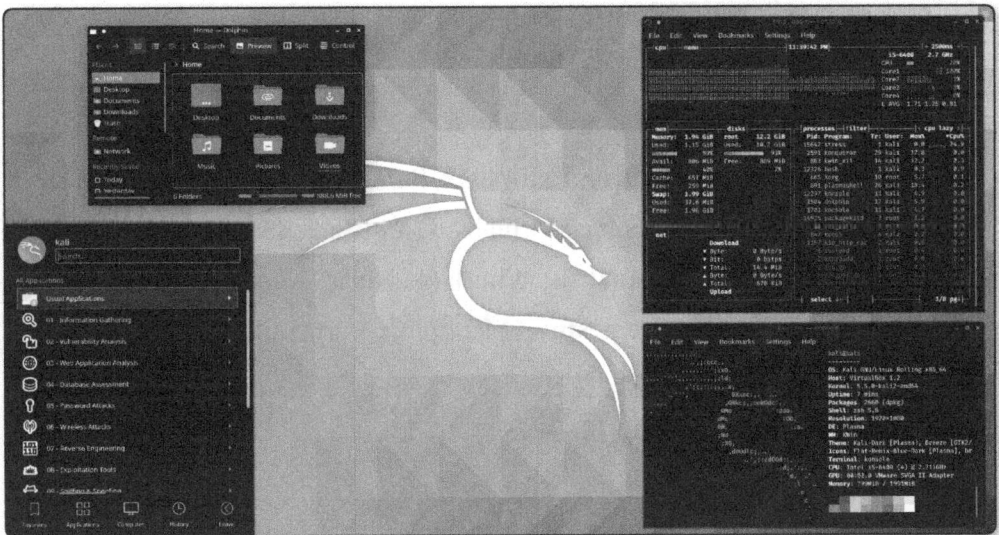

Figura 6.4. Kali Linux.

6.2.6 Medidas de seguridad adicionales

Por último, resta implementar medidas de seguridad adicionales para proteger la privacidad y la integridad de los datos durante las auditorías inalámbricas. Esto puede incluir el uso de conexiones VPN para cifrar el tráfico de red y proteger la comunicación entre el investigador y los dispositivos de la red, así como el uso de contraseñas seguras y autenticación de dos factores para proteger el acceso a los sistemas y datos sensibles. Además, se requiere obtener el consentimiento correspondiente antes de realizar auditorías inalámbricas en entornos reales, en especial cuando se trata de redes privadas o corporativas. Esto ayuda a garantizar que las evaluaciones se lleven a cabo de manera ética y legal, minimizando el riesgo de consecuencias negativas para el investigador y las partes interesadas involucradas.

Veamos algunas recomendaciones:

Dispositivo	Características	Recomendación
Adaptador de red	• Compatibilidad con modo monitor • Buen soporte de controladores • Antenas intercambiables	Alfa AWUS036ACH
Antenas direccionales	• Captura de señales en una dirección específica • Buena ganancia y sensibilidad	Alfa AWUS051NH v2
Antenas omnidireccionales	• Captura de señales desde todas las direcciones • Buena cobertura y sensibilidad	Alfa AWUS036NHA

▸ **Software de auditoría**: Kali Linux, Parrot Security OS, BackBox

▸ **Plataforma de pruebas**: VirtualBox, VMware, QEMU

▸ **Herramientas de análisis**: Wireshark, Nmap, Aircrack-ng

▸ **Frameworks de pentesting**: Metasploit, Burp Suite, OWASP ZAP

6.3 ESCANEO DE REDES INALÁMBRICAS

El escaneo de redes inalámbricas es una técnica fundamental en el campo del pentesting para evaluar la seguridad de las redes WiFi y descubrir posibles vulnerabilidades que podrían ser explotadas por atacantes malintencionados. En esta sección, exploraremos en detalle los diferentes métodos y herramientas disponibles para llevar a cabo un escaneo efectivo de redes inalámbricas en sistemas Linux.

El escaneo de redes inalámbricas es el proceso de recopilación de información sobre las redes WiFi disponibles en un área específica. Este proceso es fundamental para identificar posibles puntos de acceso y evaluar la seguridad de las redes inalámbricas. El objetivo principal del escaneo de estas redes es recopilar información detallada sobre los puntos de acceso, incluidos el nombre de la red (SSID), el canal de frecuencia, el tipo de seguridad y la intensidad de la señal.

6.3.1 Métodos de escaneo de redes inalámbricas

Existen varios métodos para realizar el escaneo de redes inalámbricas en sistemas Linux. A continuación, se describen algunos de los más habituales:

- **Escaneo pasivo**: no implica el envío de ningún paquete de datos a la red. En su lugar, el escáner se limita a escuchar las transmisiones de los puntos de acceso y recopilar información sobre ellos. Esto hace que el escaneo pasivo sea menos intrusivo y más difícil de detectar, pero también puede ser menos preciso en la detección de puntos de acceso ocultos o configurados de manera no estándar.

- **Escaneo activo**: en contraste con el anterior, este escaneo implica el envío de paquetes de datos a la red para solicitar información sobre los puntos de acceso disponibles. Esto puede incluir el envío de solicitudes de sondeo (probe requests) para detectar puntos de acceso ocultos, así como el envío de paquetes de autenticación para determinar el tipo de seguridad utilizada por la red.

- **Escaneo por sondeo pasivo** (Probe Request Scanning): consiste en escuchar las solicitudes de sondeo emitidas por los dispositivos que buscan conectarse a redes WiFi disponibles. Al recopilar y analizar estas solicitudes de sondeo, los pentesters pueden identificar los SSID de las redes ocultas y obtener información sobre los dispositivos cercanos.

- **Escaneo por sondeo activo** (Active Probe Scanning): el escáner envía solicitudes de sondeo a la red para identificar puntos de acceso cercanos. Estas solicitudes pueden ser específicas de un SSID en particular o pueden ser de difusión para identificar todos los puntos de acceso en el área.

6.3.2 Herramientas de escaneo de redes inalámbricas en Linux

En sistemas Linux, existen varias herramientas poderosas para realizar el escaneo de redes inalámbricas. Algunas de las más populares incluyen:

Airodump-ng: es una herramienta de línea de comandos que forma parte del conjunto de herramientas Aircrack-ng. Permite escanear redes inalámbricas y recopilar información detallada sobre los puntos de acceso y los clientes conectados a ellos.

Para realizar el escaneo de redes inalámbricas con Airodump-ng en Linux, puedes realizar los siguientes pasos:

PASO 1

Abrir una terminal

Abre una terminal en tu sistema Linux.

PASO 2

Colocar la interfaz WiFi en modo monitor

Antes de comenzar el escaneo, necesitas colocar tu tarjeta WiFi en modo monitor para poder capturar el tráfico de red. Puedes hacerlo con el siguiente comando, donde **wlan0** es el nombre de la interfaz WiFi:

```
sudo airmon-ng start wlan0
```

Este comando creará una interfaz de red virtual llamada **wlan0mon**, que será utilizada por Airodump-ng para efectuar el escaneo.

PASO 3

Ejecutar Airodump-ng para el escaneo

Ahora puedes ejecutar Airodump-ng para comenzar el escaneo de redes inalámbricas. Utiliza el siguiente comando:

```
sudo airodump-ng wlan0mon
```

Esto iniciará Airodump-ng y comenzará a mostrar información sobre las redes WiFi detectadas en tiempo real.

Verás una lista de SSID, direcciones MAC de los puntos de acceso, los canales en los que operan y otra información relevante.

PASO 4

Filtrar los resultados

Si deseas filtrar los resultados para mostrar solo ciertas redes o información específica, puedes utilizar opciones adicionales con el comando Airodump-ng. Por ejemplo, para mostrar solo las redes en un canal específico, usa:

```
sudo airodump-ng —channel <número_de_canal> wlan0mon
```

PASO 5

Detener el escaneo

Una vez que hayas obtenido la información que necesitas, puedes detener el escaneo de Airodump-ng presionando **CTRL + C** en la terminal.

- ▶ **Kismet**: herramienta para la detección de redes inalámbricas que permite escanear y rastrear redes WiFi en tiempo real. Ofrece una interfaz gráfica de usuario (GUI) y una interfaz de línea de comandos (CLI) para realizar el escaneo de redes inalámbricas.

- ▶ **Wifi-Scanner**: herramienta de escaneo de redes inalámbricas basada en la línea de comandos que permite a los usuarios escanear y recopilar información sobre las redes WiFi cercanas.

- ▶ **Netdiscover**: herramienta de escaneo de redes que permite a los usuarios descubrir dispositivos en una red local. Utiliza técnicas de escaneo ARP para identificar dispositivos activos en la red y recopilar información sobre ellos.

6.3.3 Detección y análisis de puntos de acceso

Para realizar la detección y el análisis de puntos de acceso en redes inalámbricas, es fundamental comprender cómo funcionan estos dispositivos y de qué manera se comunican con otros dispositivos en la red. En esta sección, exploraremos en detalle el proceso de detección y análisis de puntos de acceso, empleando herramientas especializadas como Airodump-ng y Wireshark en sistemas Linux.

6.3.3.1 INTRODUCCIÓN A LOS PUNTOS DE ACCESO

Los puntos de acceso (AP) son dispositivos de red que actúan como puertas de enlace entre los dispositivos inalámbricos y la red cableada. Su principal función es proporcionar conectividad inalámbrica a los dispositivos cliente, permitiéndoles acceder a los recursos de la red. Los puntos de acceso pueden ser dispositivos independientes o integrados en enrutadores inalámbricos.

6.3.3.2 DETECCIÓN DE PUNTOS DE ACCESO CON AIRODUMP-NG

Airodump-ng es una herramienta de línea de comandos incluida en la suite Aircrack-ng que se utiliza para capturar y analizar el tráfico de redes inalámbricas. Para detectar puntos de acceso con Airodump-ng, primero necesitas poner tu tarjeta WiFi en modo monitor y luego ejecutar Airodump-ng para escanear los canales de radio y recopilar información sobre las redes detectadas.

El comando básico para ejecutar Airodump-ng y escanear redes inalámbricas es:

```
sudo airodump-ng wlan0mon
```

Este comando iniciará Airodump-ng en modo de escaneo y comenzará a mostrar una lista de puntos de acceso detectados, junto con información como el SSID (nombre de la red), la dirección MAC del punto de acceso, el canal en el que opera y la potencia de la señal.

6.3.3.3 ANÁLISIS DE PUNTOS DE ACCESO CON WIRESHARK

Una vez detectado los puntos de acceso con Airodump-ng, es posible utilizar Wireshark para analizar el tráfico de red generado por estos dispositivos. Wireshark es una herramienta de análisis de protocolos de red que permite capturar y analizar paquetes de datos en tiempo real.

Para capturar el tráfico de red generado por un punto de acceso específico, podemos aplicar un filtro en Wireshark para mostrar solo los paquetes asociados con la dirección MAC del punto de acceso. Por ejemplo, si quieres capturar el tráfico de red de un punto de acceso con la dirección MAC 00:11:22:33:44:55, aplica el siguiente filtro en Wireshark:

```
wlan.addr == 00:11:22:33:44:55
```

Este filtro mostrará solo los paquetes de datos que se originan o se destinan al punto de acceso especificado, lo que permite analizar su comportamiento y cualquier comunicación que pueda estar ocurriendo entre los dispositivos clientes y el punto de acceso.

La detección y el análisis de puntos de acceso son procesos fundamentales en la evaluación de la seguridad de una red inalámbrica. Mediante el uso de herramientas como Airodump-ng y Wireshark, los administradores de red y los profesionales de seguridad pueden identificar y analizar puntos de acceso, detectar posibles vulnerabilidades y tomar medidas para proteger la red contra ataques maliciosos.

6.3.4 Cracking de contraseñas WEP y WPA

El cracking de contraseñas WEP (Wired Equivalent Privacy) y WPA (WiFi Protected Access) es una actividad que busca obtener acceso no autorizado a redes inalámbricas aseguradas utilizando métodos de fuerza bruta o ataques de diccionario para descifrar las claves de seguridad. En esta sección, exploraremos en detalle los procesos y las herramientas involucradas en el cracking de contraseñas WEP y WPA, así como las consideraciones éticas y legales asociadas con este tipo de actividad.

El cracking de contraseñas WEP y WPA es un proceso técnico utilizado por pentesters, investigadores de seguridad y hackers éticos para evaluar la seguridad de las redes inalámbricas y demostrar las vulnerabilidades inherentes a los protocolos de seguridad más antiguos y débiles. Aunque el objetivo principal es mejorar la seguridad informática, es importante tener en cuenta que estas técnicas también pueden ser utilizadas con fines maliciosos, lo que podría resultar en actividades ilegales y dañinas.

6.3.4.1 CRACKING DE CONTRASEÑAS WEP

WEP es uno de los primeros estándares de seguridad para redes inalámbricas y utiliza un algoritmo de cifrado simétrico conocido como RC4 (Rivest Cipher 4) para proteger el tráfico de red. Sin embargo, WEP ha sido ampliamente criticado por su vulnerabilidad a ataques de fuerza bruta y criptoanálisis, lo cual lo compromete fácilmente ante atacantes que tengan las herramientas adecuadas.

El proceso de crackeo de contraseñas WEP generalmente comienza con la captura de paquetes de red cifrados empleando herramientas como Airodump-ng. Este comando captura los paquetes de red que se transmiten por el aire y los guarda en un archivo de captura que luego puede ser analizado para identificar contraseñas WEP:

```
airodump-ng <interfaz>
```

Una vez que se ha capturado suficiente tráfico de red, se pueden utilizar herramientas como Aircrack-ng para realizar el crackeo propiamente dicho. Este comando toma el archivo de captura y aplica ataques de fuerza bruta o de diccionario para intentar descifrar la contraseña WEP:

```
aircrack-ng <archivo-de-captura>
```

Ataques de fuerza bruta y diccionario en WEP

Para llevar a cabo un ataque de fuerza bruta con Aircrack-ng, puedes utilizar el siguiente comando:

```
aircrack-ng -w <diccionario> <archivo-de-captura>
```

Esto intentará descifrar la contraseña WEP probando todas las combinaciones posibles de claves utilizando un diccionario de palabras predefinido. Por otro lado, si deseas realizar un ataque de diccionario, puedes usar:

```
aircrack-ng -w <diccionario> -e <ESSID> <archivo-de-captura>
```

Este comando utilizará un diccionario de palabras para intentar descifrar la contraseña WEP asociada a una red inalámbrica específica identificada por su ESSID.

Herramientas para cracking de contraseñas WEP

Existen varias herramientas disponibles para llevar a cabo el cracking de contraseñas WEP en sistemas Linux. Algunas de las más populares incluyen:

▼ **Aircrack-ng**: suite de herramientas de auditoría de redes inalámbricas que incluye funcionalidades para capturar paquetes, generar tráfico, y realizar ataques de fuerza bruta y de diccionario.

▼ **Kismet**: herramienta para la detección de redes inalámbricas que también puede usarse para capturar paquetes y analizar el tráfico de red.

▼ **Wifite**: herramienta automatizada que emplea Aircrack-ng y otras utilidades para escanear redes inalámbricas, capturar paquetes y crackear contraseñas WEP de manera eficiente.

6.3.4.2 CRACKING DE CONTRASEÑAS WPA

WPA es un estándar de seguridad más robusto que reemplazó a WEP y utiliza algoritmos de cifrado más seguros, como TKIP (Temporal Key Integrity Protocol) y AES (Advanced Encryption Standard) para proteger el tráfico de red. Aunque WPA es más seguro que WEP, aún puede ser vulnerable a ataques si se utilizan contraseñas débiles o se implementa de manera incorrecta.

Al igual que con WEP, el proceso de crackeo de contraseñas WPA comienza con la captura de paquetes de red utilizando Airodump-ng. Una vez que se ha

capturado suficiente tráfico de red, se pueden aplicar herramientas como Aircrack-
ng para tratar de descifrar la contraseña WPA.

```
airodump-ng <interfaz>
```

Este comando toma el archivo de captura y utiliza ataques de fuerza bruta o
de diccionario para descifrar la contraseña WPA.

```
aircrack-ng -w <diccionario> <archivo-de-captura>
```

Este comando intentará descifrar la contraseña WPA probando todas las
combinaciones posibles de claves usando un diccionario de palabras predefinido.
Por otro lado, si deseas realizar un ataque de diccionario, puedes usar:

```
aircrack-ng -w <diccionario> -e <ESSID> <archivo-de-captura>
```

Este comando utilizará un diccionario de palabras para intentar descifrar
la contraseña WPA asociada a una red inalámbrica específica identificada por su
ESSID.

Herramientas para cracking de contraseñas WPA

Al igual que con WEP, existen varias herramientas disponibles para llevar a
cabo el cracking de contraseñas WPA en sistemas Linux. Algunas de ellas incluyen:

Aircrack-ng: aunque se utiliza principalmente para crackear contraseñas
WEP, también puede usarse para realizar ataques de fuerza bruta contra contraseñas
WPA empleando diccionarios de palabras comunes.

6.4 PROTECCIÓN Y RECOMENDACIONES

La seguridad de las redes inalámbricas es fundamental para proteger la
información confidencial y garantizar la privacidad de los usuarios. A continuación,
se presentan algunas recomendaciones y prácticas de seguridad que pueden ayudar a
proteger una red contra posibles ataques:

6.4.1 Uso de contraseñas fuertes

El primer paso para proteger una red inalámbrica es utilizar contraseñas
fuertes y seguras. Las contraseñas deben ser lo suficientemente largas y complejas
para resistir ataques de fuerza bruta y de diccionario. Se recomienda elegir una

combinación de letras mayúsculas y minúsculas, números y caracteres especiales. Por ejemplo:

```
ejemplo: W1f1P4$$w0rd!
```

6.4.2 Actualización del firmware del router

Es importante mantener actualizado el firmware del router para protegerlo contra vulnerabilidades conocidas y posibles ataques. La mayoría de los fabricantes de routers lanzan regularmente actualizaciones de firmware que corrigen errores de seguridad y mejoran la estabilidad del dispositivo (**Figura 6.5**).

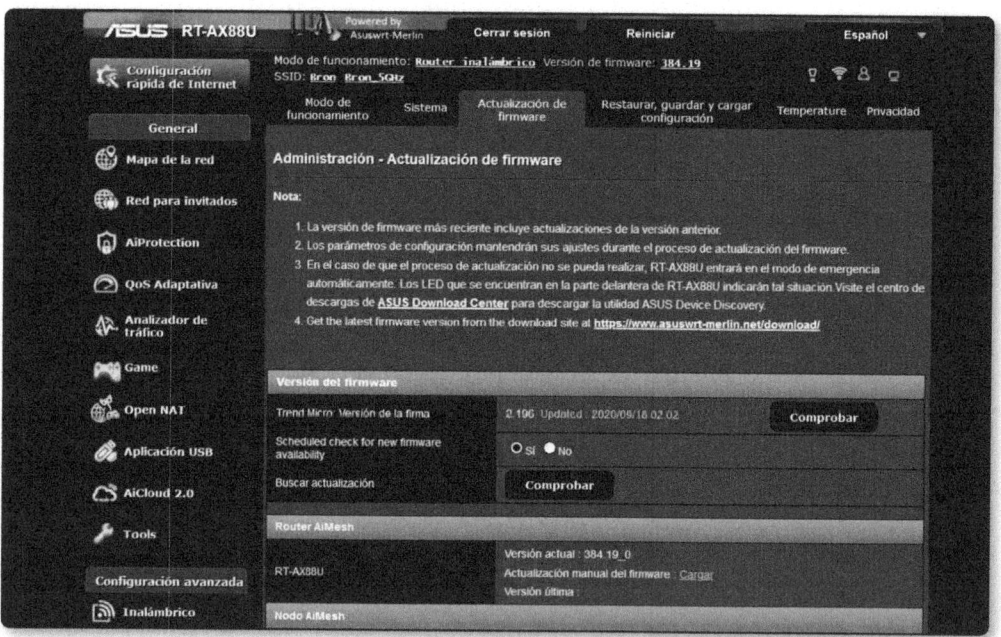

Figura 6.5. Sección de información del firmware en la plataforma de administración de un router ASUS.

6.4.3 Ocultar el SSID de la red

Esta acción puede dificultar que los atacantes encuentren y se conecten a una red inalámbrica. Aunque esta medida no proporciona una protección completa, puede impedir que los atacantes identifiquen la red y la incluyan en sus listas de posibles objetivos.

6.4.4 Filtrado de direcciones MAC

El filtrado de direcciones MAC permite especificar qué dispositivos están autorizados para conectarse a una red inalámbrica.

Al habilitar esta función y agregar las direcciones MAC de los dispositivos autorizados, puedes prevenir que dispositivos no autorizados se conecten a tu red.

6.4.5 Uso de protocolos de seguridad avanzados

Utiliza protocolos de seguridad avanzados como WPA2-PSK o WPA3 para proteger tu red inalámbrica. Estos protocolos ofrecen una mayor seguridad en comparación con WEP y WPA, y utilizan cifrado más robusto para proteger la comunicación entre dispositivos.

6.4.6 Deshabilitar la administración remota

Deshabilita la administración remota del router para evitar que los atacantes accedan a su configuración desde fuera de la red. La administración remota puede ser una puerta de entrada para los atacantes que intentan comprometer la seguridad del router y la red.

6.4.7 Monitoreo continuo de la red

Realiza un monitoreo continuo de la red para detectar posibles intrusiones o actividad sospechosa. Utiliza herramientas como Wireshark para analizar el tráfico de red e identificar patrones de comportamiento anormales que podrían indicar un ataque en curso.

6.5 ACTIVIDADES

A continuación se presentan las preguntas y los ejercicios que deberías saber responder y resolver para considerar aprendido el capítulo.

6.5.1 Test de autoevaluación

1. *¿Cuál es el propósito principal de realizar una auditoría de redes inalámbricas?*

2. *¿Cuál es el objetivo del escaneo de redes inalámbricas?*

3. *¿Qué herramienta se utiliza comúnmente para realizar el escaneo de redes inalámbricas?*

4. *¿Cuál es el procedimiento para detectar y analizar puntos de acceso durante una auditoría de redes inalámbricas?*

5. *¿Cuál es el propósito de realizar el cracking de contraseñas WEP y WPA durante una auditoría de redes inalámbricas?*

6. *¿Qué medidas se pueden tomar para proteger una red inalámbrica contra ataques de intrusión?*

7. *¿Por qué es importante actualizar el firmware del router regularmente?*

8. *¿Cuál es la función del filtrado de direcciones MAC en una red inalámbrica?*

9. *¿Qué se recomienda para mejorar la seguridad de una red inalámbrica en un entorno empresarial?*

10. *¿Por qué es importante capacitar a los usuarios sobre seguridad en redes inalámbricas?*

6.5.2 Ejercicios prácticos

1. *Utiliza Airodump-ng para escanear las redes inalámbricas disponibles en tu entorno y registrar información sobre los puntos de acceso detectados.*

2. *Identifica los puntos de acceso vulnerables en una red inalámbrica y documenta sus detalles, como SSID, canal y seguridad.*

3. *Emplea herramientas como Wifite o Fern Wifi Cracker para realizar ataques de cracking de contraseñas WEP y WPA en una red inalámbrica simulada.*

4. *Implementa medidas de seguridad en tu red inalámbrica, como ocultar el SSID, filtrar direcciones MAC y habilitar la autenticación WPA2.*

5. *Realiza un análisis de seguridad de una red inalámbrica utilizando herramientas de auditoría como Wireshark y documenta las vulnerabilidades encontradas.*

GLOSARIO

▸ **Consola de comandos**: interfaz de texto que permite interactuar con el sistema operativo mediante la introducción de comandos.

▸ **Firewall:** software o hardware que controla el tráfico de red autorizado y no autorizado según un conjunto de reglas.

▸ **Iptables:** utilidad de línea de comandos en sistemas Linux que se utiliza para configurar el firewall del kernel.

▸ **Metasploit:** plataforma de pruebas de penetración que proporciona información sobre vulnerabilidades de seguridad y ayuda en el desarrollo de firmas de ataque.

▸ **Netcat:** herramienta de red versátil que puede leer y escribir datos en conexiones de red.

▸ **Nmap:** herramienta de escaneo de puertos y detección de servicios en redes.

▸ **Pentesting:** abreviatura de Penetration Testing, técnica de evaluación de seguridad que consiste en simular ataques de seguridad contra sistemas informáticos para identificar y corregir posibles vulnerabilidades.

▸ **Puertos bien conocidos**: rango de puertos (0-1023) que están asignados a servicios específicos por la IANA.

▸ **Puertos dinámicos**: rango de puertos (49152-65535) utilizados por aplicaciones de cliente para conexiones salientes.

▸ **Puertos registrados**: rango de puertos (1024-49151) que pueden ser registrados para aplicaciones específicas.

▸ **SQL Injection**: técnica de ataque en la que se inserta código SQL malicioso en las entradas de una aplicación web para obtener acceso no autorizado a la base de datos subyacente.

▸ **TCP** (Transmission Control Protocol): protocolo de comunicación orientado a la conexión que garantiza la entrega ordenada y sin errores de datos.

▸ **UDP** (User Datagram Protocol): protocolo de comunicación sin conexión que envía mensajes de manera rápida y eficiente, pero no garantiza la entrega ni el orden de los datos.

▸ **Wireshark:** herramienta de análisis de protocolos de red que permite capturar y analizar el tráfico de red en tiempo real.

SÍGUENOS EN INSTAGRAM Y ACCEDE GRATIS A NUESTRA BIBLIOTECA DIGITAL DURANTE 30 DÍAS.

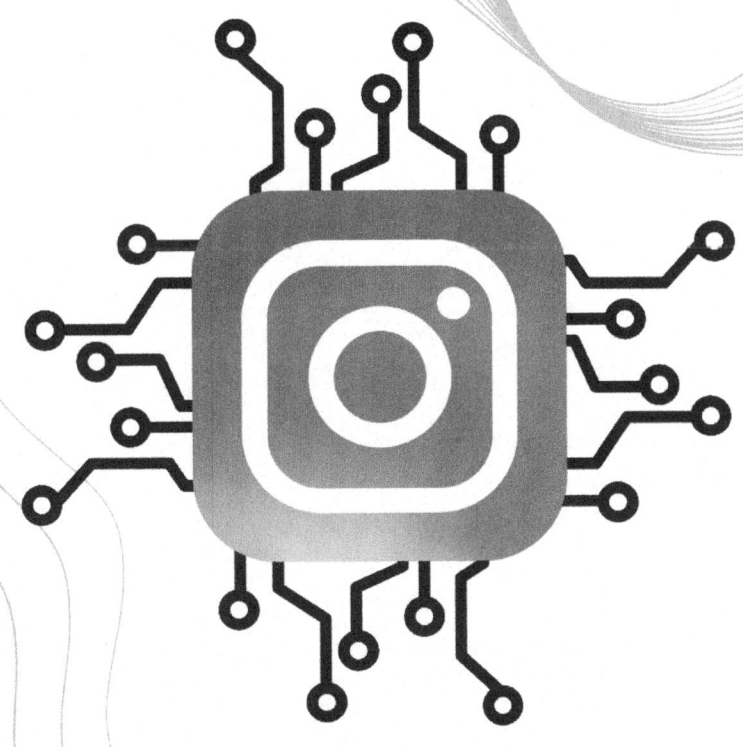

@grupoeditorialrama

¡ENVÍANOS TU MAIL POR PRIVADO!

 Grupo Editorial
ra-ma

40 ANIVERSARIO